# ¡Imagínalo!

## Aprendizaje visual de destrezas

**Causa y efecto**

**Sacar conclusiones**

**Hechos y detalles**

**Elementos literarios**

# Causa y efecto

Causa

Efecto

# Sacar conclusiones

= Triste

# Hechos y detalles

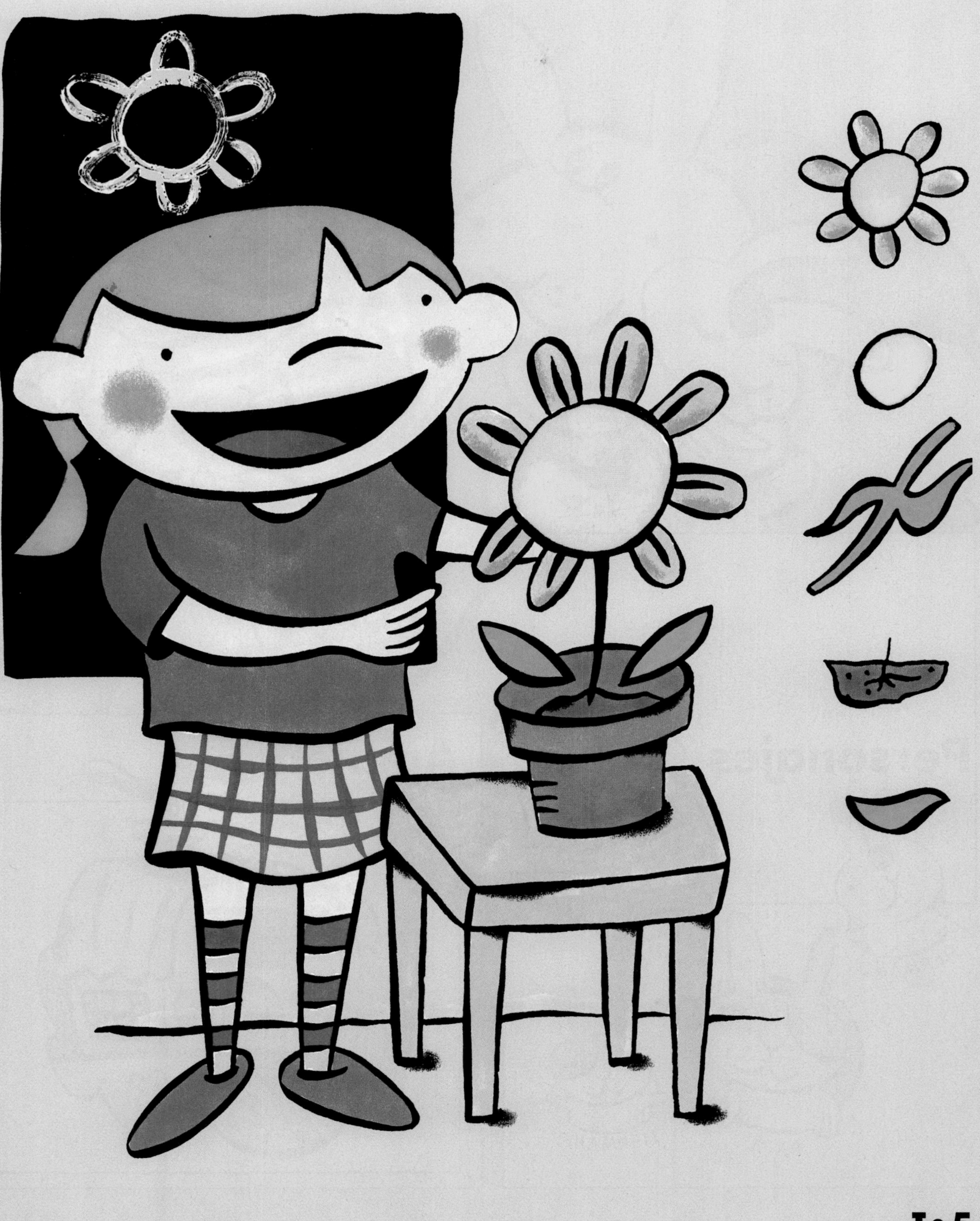

# Elementos literarios

## Personajes

HERMANO

MAMÁ

PAPÁ

HERMANA

## Ambiente

## Tema

## Argumento

Principio

Medio

Final

# ¡Imagínalo!

## Aprendizaje visual de estrategias

Conocimientos previos

Ideas importantes

Inferir

Verificar y aclarar

Hacer predicciones
y establecer propósitos

Preguntar

Estructura del cuento

Resumir

Estructura del texto

Visualizar

# Conocimientos previos

## ¡Pensemos en la lectura!

- ¿Qué es lo que ya sé?
- ¿Qué me recuerda esto?

# Ideas importantes

¡**Pensemos** en la **lectura**!

- ¿Qué es importante saber?

# Inferir

## ¡Pensemos en la lectura!

- ¿Qué es lo que ya sé?
- ¿Cómo me ayuda esto a entender lo que sucedió?

# Verificar y aclarar

## ¡Pensemos en la lectura!

- ¿Qué parte no entiendo?
- ¿Qué puedo hacer?

# Hacer predicciones y establecer propósitos

Trenes

## ¡Pensemos en la lectura!

- ¿Qué es lo que ya sé?
- ¿Qué creo que va a suceder?
- ¿Cuál es el propósito de mi lectura?

# Preguntar

¿Por qué está rota?

## ¡Pensemos en la lectura!

- ¿Qué preguntas tengo de lo que estoy leyendo?

# Estructura del cuento

Principio

Medio

Final

## ¡Pensemos en la lectura!

- ¿Qué sucede al principio?
- ¿Qué sucede en el medio?
- ¿Qué sucede al final?

# Resumir

El perro tumbó la mesa.

## ¡Pensemos en la lectura!

- ¿Qué sucede en el cuento?
- ¿De qué trata el cuento?

# Estructura del texto

## ¡Pensemos en la lectura!

- ¿Cómo está organizado el cuento?
- ¿Hay partes que se repiten?

# Visualizar

## ¡Pensemos en la lectura!

- ¿Qué imágenes veo en mi mente?

## Autores del programa

Peter Afflerbach

Camille Blachowicz

Candy Dawson Boyd

Elena Izquierdo

Connie Juel

Edward Kame'enui

Donald Leu

Jeanne R. Paratore

P. David Pearson

Sam Sebesta

Deborah Simmons

Alfred Tatum

Sharon Vaughn

Susan Watts Taffe

Karen Kring Wixson

## Autores del programa en español

Kathy C. Escamilla

Antonio Fierro

Mary Esther Huerta

Elena Izquierdo

**PEARSON**

Glenview, Illinois • Boston, Massachusetts • Chandler, Arizona
Upper Saddle River, New Jersey

*Dedicamos Calle de la Lectura a*

*Peter Jovanovich.*

*Su sabiduría, valentía*
*y pasión por la educación*
*son una inspiración para todos.*

### Acerca del ilustrador de la cubierta

Daniel Moretón vive en Nueva York, donde crea ilustraciones para libros con su computadora. Cuando no está trabajando, le gusta cocinar, ver películas y viajar. Durante un viaje a México, el Sr. Moretón se inspiró en los colores que vio a su alrededor. Ahora emplea esos colores en su arte.

Acknowledgments appear on page 244, which constitute an extension of this copyright page.
**Copyright © 2011 by Pearson Education, Inc., or its affiliates.** All Rights Reserved. Printed in the United States of America. This publication is protected by copyright, and permission should be obtained from the publisher prior to any prohibited reproduction, storage in a retrieval system, or transmission in any form or by any means, electronic, mechanical, photocopying, recording, or likewise. For information regarding permissions, write to Pearson Curriculum Group Rights & Permissions, One Lake Street, Upper Saddle River, New Jersey 07458.

Pearson, Scott Foresman, and Pearson Scott Foresman are trademarks, in the U.S. and/or other countries, of Pearson Education, Inc., or its affiliates.

ISBN-13: 978-0-328-48435-5
ISBN-10:    0-328-48435-0
5 6 7 8 9 10 V042 15 14 13 12 11
CC2

Querido lector:

¿Qué cosas interesantes has aprendido en tus viajes por la *Calle de la Lectura de Scott Foresman*? ¿Qué personas interesantes has conocido por el camino?

En este libro vas a leer sobre tesoros. ¿Cuáles son las cosas que más aprecias? Esperamos que aprecies los cuentos y artículos que hemos incluido en este libro. ¡Tratan de tesoros inesperados y tesoros que compartimos!

¡Diviértete al explorar la información interesante que te ofrece la *Calle de la Lectura de Scott Foresman*!

Cordialmente,
los autores

# Tesoros

**¿Qué apreciamos?**

# Unidad 4 Contenido

**Semana 6**

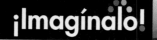

## ¡Imagínalo! Manual de comprensión de lectura

¡Imagínalo! Aprendizaje visual
de destrezas I•1–I•8

¡Imagínalo! Aprendizaje visual
de estrategias I•9–I•20

Don Leu
**El experto en Internet**

La naturaleza de la lectura y la escritura está cambiando. La Internet y otras tecnologías crean nuevas posibilidades, nuevas soluciones y nuevas maneras de leer y escribir. Por eso necesitamos nuevas destrezas de comprensión de lectura para trabajar en línea. Estas destrezas son cada vez más importantes para nuestros estudiantes y para nuestra sociedad.

El equipo de Calle de la Lectura te va a ayudar en este nuevo camino tan interesante.

# ¡Míralo!

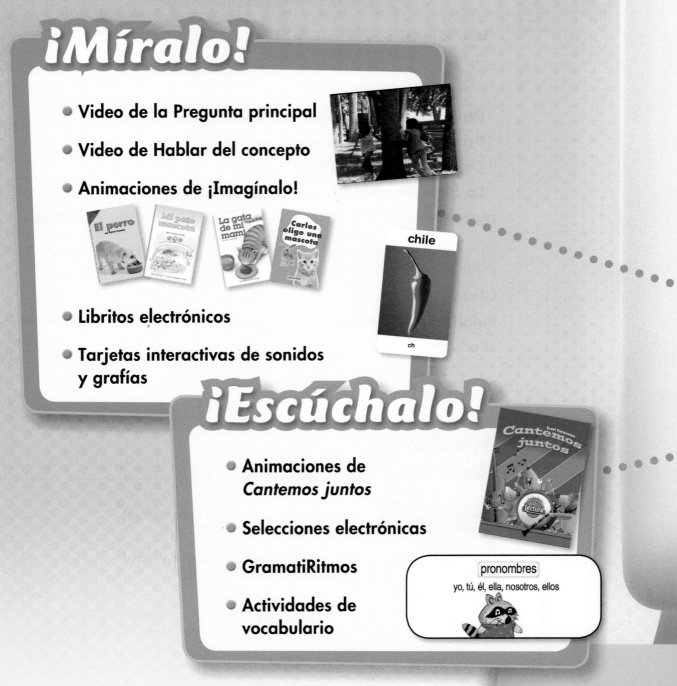

- Video de la Pregunta principal
- Video de Hablar del concepto
- Animaciones de ¡Imagínalo!

- Libritos electrónicos
- Tarjetas interactivas de sonidos y grafías

chile

ch

# ¡Escúchalo!

- Animaciones de *Cantemos juntos*
- Selecciones electrónicas
- GramatiRitmos
- Actividades de vocabulario

pronombres
yo, tú, él, ella, nosotros, ellos

# Video de Hablar del concepto

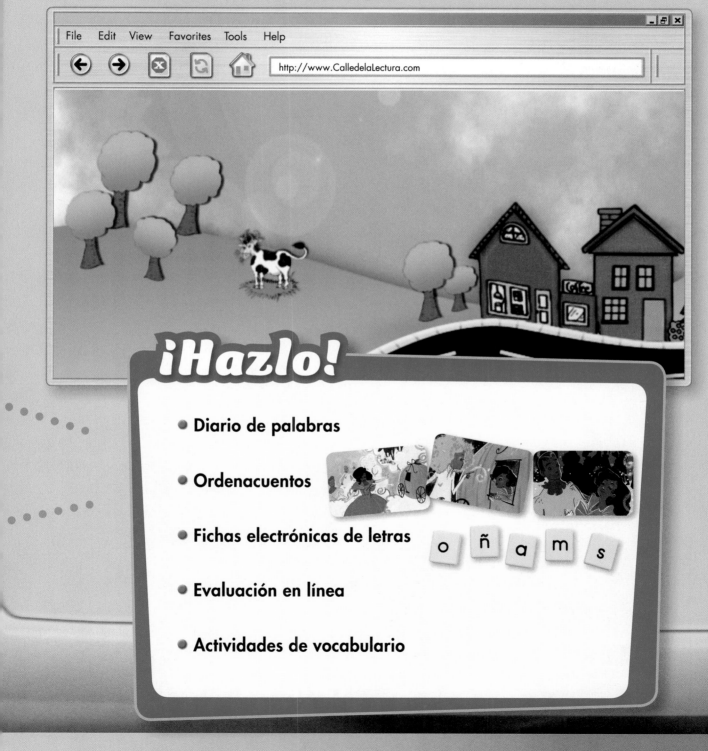

File   Edit   View   Favorites   Tools   Help

http://www.CalledelaLectura.com

## ¡Hazlo!

- Diario de palabras

- Ordenacuentos

- Fichas electrónicas de letras

- Evaluación en línea

- Actividades de vocabulario

# Tesoros

PREGUNTA PRINCIPAL

?

## ¿Qué apreciamos?

# Hablemos sobre

## Tesoros sorprendentes

*Leamos juntos*

- Comenta tus ideas sobre lo que significa apreciar algo.

- Comenta tus ideas sobre las sorpresas.

- Participa en una conversación sobre cómo una sorpresa puede ser algo valioso.

**CALLE DE LA LECTURA EN LÍNEA**
**VIDEO DE HABLAR DEL CONCEPTO**
www.CalledelaLectura.com

¡Has aprendido

**1 8 9**

palabras asombrosas
este año!

# Escuchemos

**Leamos juntos**

## Sonidos

- ¿Ves el perro que ladra en la ilustración? Escucha esta palabra: *ladra*. Busca algo que tenga /dr/.

- Busca tres cosas que empiecen con /fr/, como *frita*.

- Busca un padre en la ilustración. Cambia el sonido /p/, por el sonido /m/. Di la palabra. Busca la ilustración.

- ¿Qué par de palabras riman: *drama/rama*; *estación/fruta*?

**CALLE DE LA LECTURA EN LÍNEA**
**TARJETAS DE SONIDOS Y GRAFÍAS**
www.CalledelaLectura.com

**14**

## Objetivos

• Decodificar palabras que incluyan grupos consonánticos. • Decodificar palabras por separado, incluyendo grupos consonánticos. • Decodificar sílabas. • Decodificar palabras que incluyan sílabas abiertas. • Decodificar palabras que tengan acento ortográfico. • Comprender el vocabulario nuevo y utilizarlo correctamente al leer y al escribir.

¡Imagínalo! | Sonidos y sílabas

**dragón**

dr-        dra-

**CALLE DE LA LECTURA EN LÍNEA**
TARJETAS DE SONIDOS Y GRAFÍAS
www.CalledelaLectura.com

Fonética

# Grupo consonántico *dr*

## Sonidos y sílabas que puedo combinar

p a **dr** e

**dr** a g ó n

c e **dr** o

p o **dr** e m o s

**dr** a m a

## Oraciones que puedo leer

**1.** Su padre leyó un libro sobre un dragón.

**2.** ¿Podremos hallar madera de cedro?

**3.** ¡Qué drama el de Pedro en la escuela!

16

## Palabras que puedo leer

**hermano**

**fiesta**

**sábado**

**jueves**

**martes**

## Oraciones que puedo leer

**1.** Mi hermano y mi madre van a una fiesta.

**2.** El martes o el jueves llega mi madrina.

**3.** El sábado como dulce de almendra.

¡Imagínalo! | Sonidos y sílabas

**fresa**

fr-        fre-

CALLE DE LA LECTURA EN LÍNEA
TARJETAS DE SONIDOS Y GRAFÍAS
www.CalledelaLectura.com

Fonética

# Grupo consonántico *fr*

## Sonidos y sílabas que puedo combinar

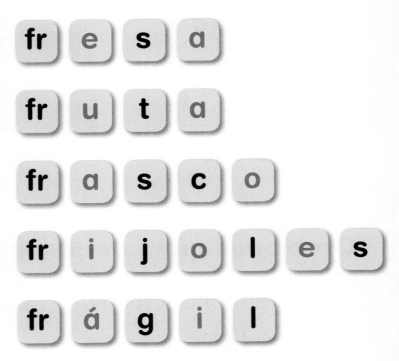

fr e s a

fr u t a

fr a s c o

fr i j o l e s

fr á g i l

## Oraciones que puedo leer

**1.** La fresa es una fruta sabrosa.

**2.** El frasco está lleno de frijoles.

**3.** Ese juguete es muy frágil.

# ¡Ya puedo leer!

El sábado es la fiesta sorpresa de mi hermano Pedro. El martes mi padrino ordena un pastel de frutas frescas. El jueves le compramos una piñata en forma de dragón.

Mi madre va a preparar frijoles, pollo frito y un dulce de fresa. Vendrán mis primos Sandra, Francisco y Andrés.

Qué contento va a estar Pedro. Eso es, si Franco, su perrito, no daña la sorpresa.

## Has aprendido

- Sílabas con *dr*
- Sílabas con *fr*

**Palabras de uso frecuente**
sábado   fiesta   hermano
martes   jueves

# Un regalo de cumpleaños para mamá

por Carmen Tafolla

ilustrado por Gabriel Pacheco

**Género**

La **ficción realista** es un cuento inventado que podría pasar en la vida real. Ahora vas a leer un cuento sobre una sorpresa de cumpleaños.

Pregunta de la semana

**¿Por qué una sorpresa puede ser un tesoro?**

400000360449

Francisco vino al patio.
Nana miraba un libro.

—¡Nana! ¡Nana! —dijo Francisco—.
El domingo es el cumpleaños de mamá.
Todos los años mamá hace una fiesta para
mi cumpleaños. ¿Podemos darle una sorpresa?

—¡Qué buena idea, Francisco! —dijo Nana—. Hoy es lunes. Si comenzamos ahora, tenemos una semana para preparar la fiesta.

—Todos los años mamá me da un regalo
—dijo Francisco—. ¿Qué le puedo regalar
a mamá?

—No lo sé —dijo Nana—. ¿Qué te parece si le hacemos una piñata? A tu mamá le va a gustar.

De modo que Nana y Francisco hicieron una piñata.

El martes, Francisco se preguntaba qué
regalar a mamá. Le dijo a su papá:
—¿Qué le puedo regalar a mamá?

—No lo sé —dijo papá—. ¿Qué te parece
si toco la guitarra? Eso le va a gustar a tu mamá.
Te prometo que voy a tocar la guitarra.

El miércoles, Francisco se preguntaba
qué regalar a mamá. Francisco y su
hermano mayor invitaron a la señora Pedraza
al cumpleaños de mamá. La señora Pedraza
vende tortillas.

29

—¿Qué le puedo regalar a mamá?
—dijo Francisco.

—No lo sé —dijo la señora Pedraza—.
¿Qué te parece si llevo unas tortillas? Eso le
va a gustar a tu mamá. Te prometo llevar unas
tortillas muy frescas, acabadas de salir del horno.

El jueves, Francisco se preguntaba qué
regalar a mamá. Le dijo a su amiga Sandra:
—¿Qué le puedo regalar a mamá?

—No lo sé —dijo Sandra—. ¿Qué te parece
si rellenamos cascarones de huevos con confeti?
Eso le va a gustar a tu mamá.

De modo que Sandra y Francisco rellenaron
los cascarones de huevos con confeti brillante.
Luego los pintaron.

El viernes, Francisco se preguntaba
qué regalar a mamá. Le dijo a su abuelo:
—¿Qué le puedo regalar a mamá?

—No lo sé —dijo su abuelo Andrés—.
¿Qué te parece si hacemos buñuelos dulces?
Eso le va a gustar a tu mamá.

De modo que Francisco y su abuelo hicieron
buñuelos.

HARINA
DE
MAÍZ

El sábado, Francisco se preguntaba una
vez más qué regalar a mamá. Pero le faltaba
mucho por hacer.

Ayudó a sus hermanos
y hermanas a buscar un lugar
para colgar la piñata.

Ayudó a papá
a ensayar la música
que iba a tocar en
la guitarra.

Ayudó a la señora Pedraza
a hacer las tortillas que iba a llevar.

Buscó un lugar seguro para esconder los cascarones de huevos rellenos con confeti que hizo con Sandra

y los buñuelos que hizo con el abuelo.

Todos estaban listos para la fiesta de mamá.

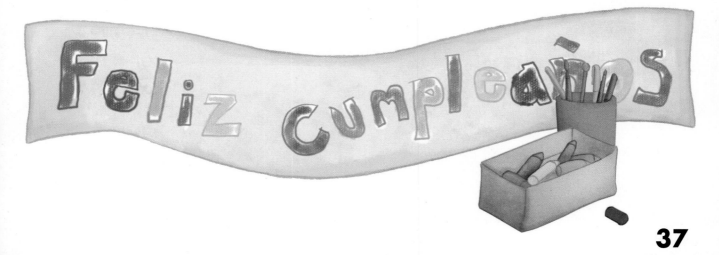

El domingo, todos llegaron a casa
de Francisco. Mamá se puso feliz.

Papá tocó la guitarra. Las tortillas de la señora
Pedraza estaban muy ricas. Los buñuelos del
abuelo quedaron muy sabrosos.

Después de comer, cantar y disfrutar,
los niños quebraron los cascarones de huevos
con confeti en las cabezas de los demás. Al rato,
todos estaban en fila para quebrar la piñata.

Todos estaban felices. Todos, menos Francisco.

—¿Qué te pasa, Francisco? —preguntó mamá.

—Mamá, no tengo un regalo de cumpleaños para darte.

—¡Ay, Francisco! —dijo mamá—.
Esta fiesta es el mejor regalo.
No, el segundo después del mejor.
　　—¿El segundo después del mejor?
—dijo Francisco.

—Sí. El mejor regalo es pasar un rato con mi familia y mis amigos. Eso es lo mejor de la fiesta.

Mamá le dio un abrazo a Francisco.

Luego, todos intentaron quebrar la piñata.

Francisco lo hizo.

Y mamá estaba feliz.

**¡Imagínalo!** | Volver a contar

**CALLE DE LA LECTURA EN LÍNEA**
ORDENACUENTOS
www.CalledelaLectura.com

# Piensa críticamente

1. ¿Qué le habrías aconsejado a Francisco que le regalara a mamá? **El texto y tú**

2. ¿Cómo muestra la autora que los miembros de la familia de Francisco se quieren? **Pensar como un autor**

3. ¿Por qué era tan importante para Francisco regalarle algo a mamá? **Sacar conclusiones**

4. Mira de nuevo la página 30. Lee las palabras. Si no supieras lo que significa la palabra *tortillas*, ¿cómo podrías averiguarlo? **Verificar y aclarar**

5. **Mira de nuevo y escribe** Vuelve a ver las páginas 40 a 43. ¿Cuál es el regalo de Francisco para su mamá? Localiza el detalle en la historia. Escribe sobre eso.

**PRÁCTICA PARA EL EXAMEN** | Respuesta desarrollada

# Carmen Tafolla

Carmen Tafolla se crió en Texas. Escribe cuentos y poemas sobre su vecindario mexicano-estadounidense.

La Dra. Tafolla trabaja con escuelas de todo el mundo para ayudar a que los niños de todas las nacionalidades e idiomas se superen. Vive en una casa que tiene 100 años.

Busca más cuentos sobre tesoros.

La fiesta de la piñata

por Mimi Chapra

Ilustrado por Christy Hale

SOPA DE CUENTOS

Dolores Avendaño

El caballo de cartón

ANAYA

Registro de lecturas

Usa el Registro de lecturas del *Cuaderno de lectores y escritores*, para anotar tus lecturas independientes.

**45**

**Leamos juntos**

# ¡Escribamos!

**Aspectos principales de una carta amistosa**

- El escritor se la escribe a alguien que conoce.
- Tiene un saludo y una despedida amables.

**CALLE DE LA LECTURA EN LÍNEA**
GramatiRitmos
www.CalledelaLectura.com

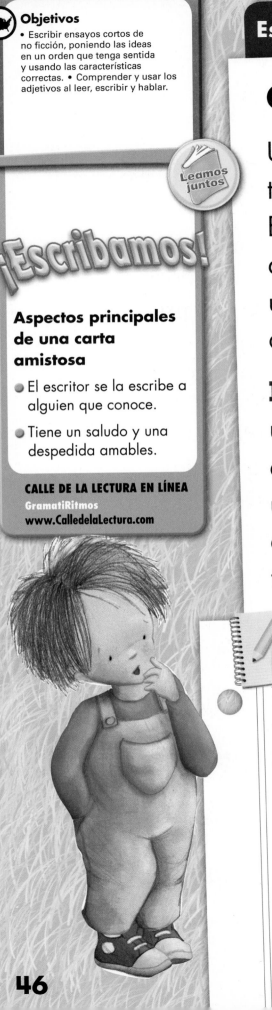

**Escritura descriptiva**

# Carta amistosa

Una **carta amistosa** cuenta tus ideas o sentimientos. El modelo del estudiante de la página siguiente es un ejemplo de una carta amistosa.

**Instrucciones** Piensa en una sorpresa que te gustaría darle a alguien. Ahora escribe una carta donde le cuentes a un amigo o pariente sobre tu idea.

## Lista del escritor

Recuerda que debes...

- ☑ escribirle una carta a un amigo o pariente.
- ☑ escribir el nombre de las personas con mayúscula.
- ☑ usar adjetivos que digan cómo es la sorpresa.

Querida Andrea:

Quiero darle una sorpresa a papá el domingo. Podemos preparar un **buen** desayuno para que lo tome en la cama.

Primero, haremos unos **ricos** huevos. Luego, un jugo de naranja. Es su desayuno **favorito**.

Tu hermana,

Sandra

**Género: Carta amistosa**
El escritor le cuenta sus ideas a alguien que conoce.

**Característica de la escritura: Organización**
Las oraciones están en un orden que tiene sentido.

Estos **adjetivos** dicen cómo es la comida. Los nombres de las personas están escritos con mayúscula.

## Normas

# Adjetivos

**Recuerda** Un **adjetivo** da más información sobre una persona, lugar, animal o cosa.

El hombre **alto** tiene un cachorro **bonito**.
Vi una camisa **roja** en la tienda **nueva**.

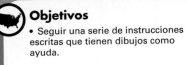

**Objetivos**
- Seguir una serie de instrucciones escritas que tienen dibujos como ayuda.

**Género**
## Receta

- Una receta es un texto de procedimiento. Es una lista de instrucciones que nos dice cómo hacer algo para comer o beber.

- Es importante que sigas la receta en el orden en que está escrita.

- Una receta tiene dibujos y números. Esto nos ayuda a saber qué se debe hacer primero, después y por último.

- Al leer *Receta de limonada*, di por qué es una receta.

# Receta de Limonada

*Lemonade* en inglés es "limonada". Ésta es la receta para esta rica bebida. ¡Sírvela en tu próxima fiesta!

## Qué necesitas

una jarra grande

8 limones partidos por la mitad

1 galón de agua fría

2 tazas de azúcar

**48**

# Qué debes hacer

**1.** Exprime los limones y echa el jugo en la jarra.

**Pensemos...**

¿Qué pasos hay que seguir para hacer limonada? **Receta**

**2.** Añade el agua al jugo de limón y revuelve.

**3.** Ponle el azúcar y revuelve otra vez.

**4.** Sirve la limonada en vasos.

**Pensemos...**

**Relacionar lecturas** ¿Por qué sería buena idea servir limonada en la fiesta de *Un regalo de cumpleaños para mamá*?

**Escribir variedad de textos**

En *Un regalo de cumpleaños para mamá*, Francisco planea una fiesta para su mamá. Escribe su plan en forma de instrucciones con dibujos.

**Leamos juntos**

## ¡Aprendamos!

**CALLE DE LA LECTURA EN LÍNEA**
**ACTIVIDADES DE VOCABULARIO**
www.CalledelaLectura.com

# Escuchar y hablar

**Prepárate para el segundo grado**

Usa palabras descriptivas para que los demás "vean" lo que describes.

**Describir** Al describir, usamos palabras para decir cómo vemos, escuchamos y sentimos las cosas. Nos fijamos en el tema y hablamos claro para que la gente nos entienda. Las palabras descriptivas ayudan a los demás a "ver" lo que describimos.

**¡Practícalo!** Imagínate que estás en una fiesta de cumpleaños. Describe la fiesta a los demás. Usa palabras descriptivas para decir cómo se ven, se escuchan y se sienten las cosas.

# Vocabulario

Las **palabras de tiempo y orden** nos dicen cuándo pasan las cosas.

Escribiré la carta **antes** de acostarme.

Saldré después de almorzar.

**Antes** y **después** son ejemplos de palabras que nos dicen cuándo vamos a hacer algo.

---

**¡Practícalo!** Haz tres dibujos de algo que pasa *primero, después y por último*. Rotula cada dibujo con las palabras de tiempo y orden correctas.

# Fluidez

**Expresión y entonación** Al leer, intenta hacerlo como si estuvieras hablando. Usa la voz para mostrar emoción.

---

**¡Practícalo!**

1. ¿Vino el hermano de Andrés a la fiesta?

2. Los martes y jueves comemos frutas.

3. El sábado escuchamos al perro ladrar.

**Vocabulario oral**

# Hablemos sobre

## Tesoros sorprendentes

*Leamos juntos*

- Comenta tus ideas sobre lo que significa apreciar algo.

- Habla de historias especiales que hemos escuchado una y otra vez.

- Comenta cómo una historia puede ser un tesoro.

**CALLE DE LA LECTURA EN LÍNEA**
**VIDEO DE HABLAR DEL CONCEPTO**
www.CalledelaLectura.com

# Escuchemos

**Leamos juntos**

## Sílabas

- Di: "traje". ¿Con qué sílaba empieza *traje*? ¿Qué sonidos forman esta sílaba? Busca cuatro cosas que empiecen con /tr/.

- Di: "granero", "granos". ¿Con qué sílaba empiezan estas palabras? Busca algo que empiece con /gr/.

- Di: "triciclo". Quita la sílaba /tri/ al principio de la palabra. Di la nueva palabra.

- Busca un grano de trigo. Cambia la sílaba /gra/ por la sílaba /co/. Di la palabra. Busca la ilustración.

**CALLE DE LA LECTURA EN LÍNEA**
**TARJETAS DE SONIDOS Y GRAFÍAS**
www.CalledelaLectura.com

**Objetivos**
• Conocer cómo cambia el sonido de una palabra al cambiar la forma de escribirla. • Combinar sonidos para decir sílabas y palabras. • Identificar sílabas en palabras habladas.

54

¡Imagínalo! | Sonidos y sílabas

## tren

tr- tren

CALLE DE LA LECTURA EN LÍNEA
TARJETAS DE SONIDOS Y GRAFÍAS
www.CalledelaLectura.com

**Fonética**

# 🔄 Grupo consonántico *tr*

## Sonidos y sílabas que puedo combinar

| tr | a | j | e |
|----|---|---|---|

| tr | a | g | a | r |
|----|---|---|---|---|

| tr | e | p | a |
|----|---|---|---|

| tr | i | n | a |
|----|---|---|---|

| tr | u | c | o |
|----|---|---|---|

## Oraciones que puedo leer

**1.** Mira, traje un trompo para hacer un truco.

**2.** El pájaro trepa al árbol y trina.

**3.** El bebé no puede tragar eso.

## Palabras que puedo leer

| |
|---|
| **línea** |
| **lápiz** |
| **verde** |
| **antes** |
| **nombre** |

## Oraciones que puedo leer

**1.** Traza la línea con el lápiz verde.

**2.** La patrulla llegó antes que yo.

**3.** Soledad es un nombre triste.

**Objetivos**

• Decodificar sílabas. • Decodificar palabras que incluyan grupos consonánticos. • Decodificar palabras por separado, incluyendo grupos consonánticos. • Comprender el vocabulario nuevo y utilizarlo correctamente al leer y al escribir.

¡Imagínalo! | Sonidos y sílabas

## granja

## gr-    gran-

CALLE DE LA LECTURA EN LÍNEA
TARJETAS DE SONIDOS Y GRAFÍAS
www.CalledelaLectura.com

Fonética

# Grupo consonántico *gr*

## Sonidos y sílabas que puedo combinar

gr i l l o

gr i t o

gr a n j a

gr a n d e

gr i s

## Oraciones que puedo leer

1. Sara ve al grillo y da un grito.

2. La granja es grande.

3. Ponte el vestido gris.

# ¡Ya puedo leer!

Anoche traté de hacer dibujos para mi cuento. Con lápiz tracé en línea los animales de mi historia:

El tigre que agrada con su traje de rayas negras; el cangrejo que trepa por las gradas del mar; el grillo gritón que en la noche suena triste; y el oso que gruñe por la verde pradera. ¡Los tesoros de la naturaleza!

Antes de acostarme, firmé el cuento con mi nombre.

## Has aprendido

- Grupo consonántico *tr*
- Grupo consonántico *gr*

**Palabras de uso frecuente**
lápiz   línea   verde
antes   nombre

# cenicienta

por Teresa R. Roberts
ilustrado por Paule Trudel

**Género** Un **cuento de hadas** es un cuento con personajes que a veces son príncipes y princesas. En este cuento vas a leer sobre una chica que quiere ir a la fiesta de un príncipe.

¿Por qué un cuento puede ser un tesoro?

Había una vez, en un lugar muy lejano entre montañas y granjas, una chica que llevaba por nombre Cenicienta. Era muy dulce y buena.

Ella tenía dos hermanas, Rosa
y Berta, que no eran tan dulces
ni buenas. Eran malas.

A Cenicienta siempre la ponían
a barrer, lavar, limpiar y sacudir.

Todos los años, el príncipe daba una gran fiesta en su palacio. Una vez, un paje trajo una carta. Era una invitación del príncipe para las hermanas.

—¡Tal vez se casa conmigo! —dijo Berta, juntando sus manos.

—¡Contigo, no! ¡Se va a casar conmigo! —dijo Rosa a gritos.

—¿Puedo ir yo también? —dijo Cenicienta.

—¡No! —gritaron sus hermanas—. ¡Mejor sacude bien esa alfombra!

—¡Y lava todos los platos!

—¡Quédate y asea la casa, Cenicienta!

Cenicienta miraba cómo Rosa y Berta se probaban los vestidos. ¡Rojo, verde, rosado! ¡Qué colores más lindos! Las telas más finas, tejidas con el mejor hilo. A Cenicienta sólo le quedaba su escoba y su trabajo.

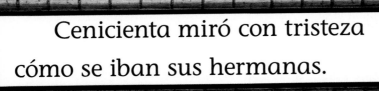

Cenicienta miró con tristeza
cómo se iban sus hermanas.

Trató de barrer.
Trató de sacudir.
Pero estaba tan triste,
que agachó la cabeza
y se puso a llorar.

Zas, zas, zas. Zas, zas, zas.
De pronto aparece un hada
muy buena.

El hada toca la mano de Cenicienta y le dice: —Te voy a ayudar para que vayas a la fiesta.

—¡Pero no puedo ir vestida con estos trapos! —solloza Cenicienta.

—Ya verás.
Te voy a mostrar algo.

Entonces se acerca y *¡Zas!* ¡Ahora Cenicienta llevaba un lindo vestido y zapatillas de cristal!

¡Zas! ¡Zas! ¡Seis ratones
se convierten en caballos!

¡Zas! ¡Zas! Una
calabaza se convierte
en un hermoso carruaje!

—¡Ya es hora de que te vayas! Pero
regresa antes de las 12 en punto. Las doce
campanadas van a ser la señal de que todo
va a ser como antes.

Cenicienta llegó a la fiesta y conoció al príncipe. Y toda la noche danzaron tomados de las manos.

Pero luego sonaron las doce campanadas. Cenicienta dio un suspiro y echó a correr.

¡Espera! —dijo el príncipe—. ¡Espera!
Pero él no pudo seguirla.
En su carrera, Cenicienta dejó
una de sus zapatillas de cristal
en la escalera.

Ya en casa, las hermanas la mandaron a barrer y a lavar los platos de nuevo. Cenicienta ya no llevaba su hermoso vestido.

Con su dedo, como un lápiz, dibujó su cara triste en el polvo. Al hacer la última línea, sus lágrimas cayeron al piso.

De pronto, ¡el príncipe llegó
a la casa!

—¿Es ésta tu zapatilla de cristal?
—le preguntó a Rosa.

Rosa se la puso, pero no le
quedaba. Luego se la puso Berta.
Y tampoco le quedaba.

Pero sí le quedó perfecta a Cenicienta. Así que Cenicienta se casó con el príncipe y vivieron muy felices…

**Objetivos**

• Describir el problema y la solución de un cuento. Volver a contar el principio, el medio y el final de un cuento, en el orden que sucedieron los eventos. • Leer por su cuenta por un período de tiempo. • Relacionar la lectura con las propias experiencias, con otros textos y con el mundo que lo rodea.

**¡Imagínalo!** | Volver a contar

**CALLE DE LA LECTURA EN LÍNEA**
**ORDENACUENTOS**
www.CalledelaLectura.com

78

# Piensa críticamente

Leamos juntos

**1.** ¿Qué frases recurrentes de los cuentos de hadas leíste en *Cenicienta*? ¿Qué función cumple la frase "Había una vez"? **De texto a texto**

**2.** ¿Por qué crees que la autora escribió una versión nueva de un cuento de hadas viejo? **Pensar como un autor**

**3.** ¿Cuál es la gran idea de este cuento de hadas? **Tema**

**4.** ¿Cómo crees que eran Cenicienta y la fiesta en el palacio? **Visualizar**

**5. Mira de nuevo y escribe**
Vuelve a mirar la página 68. Investiga cómo es la vida en el palacio de un príncipe. Con la ayuda de tu maestro, crea una dramatización sobre eso y represéntala con tus compañeros.

**PRÁCTICA PARA EL EXAMEN** Respuesta desarrollada

# Paule Trudel

Paule Trudel creció en una casa llena de juegos, cartas secretas y cuentos para dormir. De niña, le encantaba disfrazarse de princesa. Su cuento de hadas favorito es *Blancanieves*.

Al igual que Cenicienta, la Srta. Trudel tenía un hada madrina: su abuela Helen, quien le enseñó a tejer. Hoy en día, además de pintar y dibujar, la Srta. Trudel dedica su tiempo libre a tejer.

Busca más cuentos sobre tesoros.

Registro de lecturas

Usa el Registro de lecturas del *Cuaderno de lectores y escritores*, para anotar tus lecturas independientes.

**79**

**Leamos juntos**

# ¡Escribamos!

**Aspectos principales de una invitación**

- Pide a las personas que vayan a un evento.
- Da información importante sobre el evento.

# Invitación

Una **invitación** te pide que vayas a un evento y te cuenta sobre él. El modelo del estudiante de la página siguiente es un ejemplo de invitación.

**Instrucciones** Piensa en algún evento, como una fiesta o una boda. Escribe una invitación para un evento.

## Lista del escritor

Recuerda que debes...

☑ invitar a alguien a un evento. Usa palabras amables.

☑ poner la fecha correctamente.

☑ dar la fecha, hora y lugar del evento.

☑ usar adjetivos para describir.

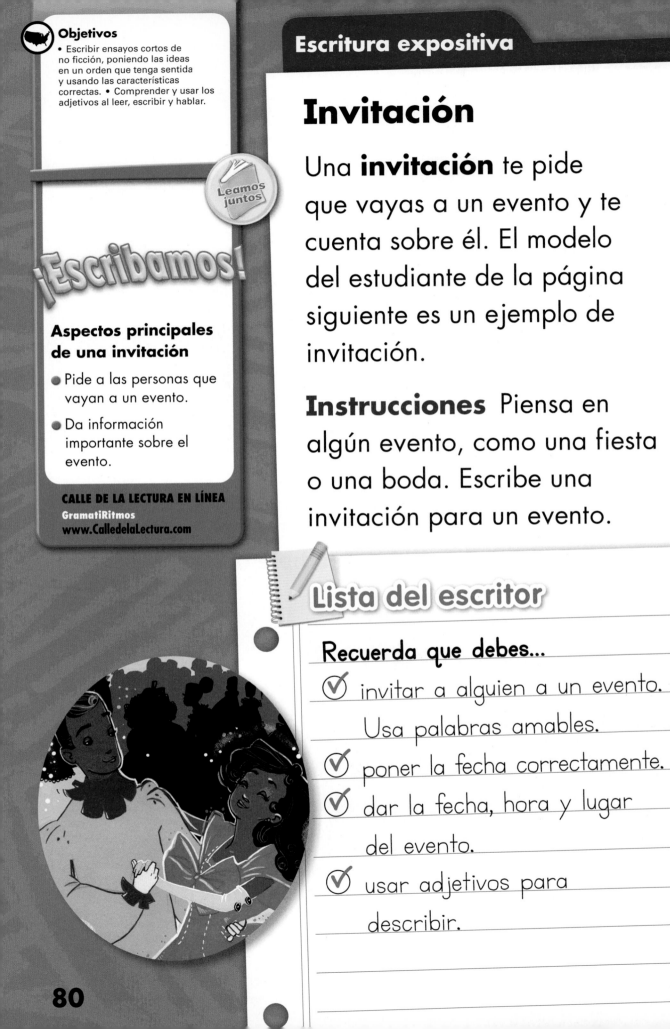

1° de marzo de 2010

Querido Leo:

Por favor, ven a mi fiesta de cumpleaños. Será el sábado, 15 de marzo, a la 1:00 p.m.

Mi casa está en la Calle Franco.

¡Busca los globos **verdes**!

Tu amiga,

Mari

**Género:**
La **invitación** tiene la fecha y dice cuándo y dónde será la fiesta.

**Característica de la escritura: Lenguaje**
La escritora usa palabras amables como *Por favor.*

Este **adjetivo** nombra un color.

## Normas

### Adjetivos: Color y forma

**Recuerda** Algunos **adjetivos** nombran colores. Otros **adjetivos** nombran formas.

Ella dibuja una caja **cuadrada** con un círculo **azul**.

## Ana Rosa

por Luc Sánchez
ilustrado por Luciana Navarro Powell

**Estudios Sociales en Lectura**

Leamos juntos

### Género
## Cuento de hadas

- Un cuento de hadas es una historia en la que los personajes casi siempre son príncipes o princesas. Estos personajes deben resolver un problema.

- Los cuentos de hadas empiezan con las palabras "Había una vez". Esto significa que la historia se ha contado por mucho tiempo y que es inventada.

- Los cuentos de hadas casi siempre terminan con las palabras "y vivieron felices para siempre". Esto quiere decir que al final todo sale bien.

- Al leer *Ana Rosa,* piensa por qué es un cuento de hadas.

Había una vez una chica llamada Ana Rosa. Vivía con tía Lola y sus primas, Esmeralda y Rima. Tía Lola hacía que Ana Rosa limpiara y barriera todo el día. Ana Rosa trabajaba duro, pero no se quejaba.

Esmeralda y Rima iban a ir a una gran fiesta. Ana Rosa las miraba. Ella también quería ir. Pero tía Lola le dijo que debía quedarse en casa y trabajar.

**Pensemos...**

¿Con qué palabras empieza el cuento? ¿Qué te dice esto sobre el cuento? **Cuento de hadas**

**Pensemos...**

¿Cuál es el problema de Ana Rosa? **Cuento de hadas**

Ana Rosa barrió el piso y lo dejó brillante. Agarró una cinta para el cabello. Buscó un hermoso vestido y se fue de prisa a la fiesta.

¡Ana Rosa se encontró con el príncipe! Él pensó que ella era encantadora. Bailaron toda la noche. Ana Rosa se convirtió en la princesa Ana Rosa, y vivieron felices para siempre.

Pensemos...

¿Con qué palabras termina el cuento? ¿Qué dice esto sobre Ana Rosa y el príncipe? ¿Qué preguntas le harías a la princesa Ana Rosa?
**Cuento de hadas**

Pensemos...

**Relacionar lecturas** ¿En qué se parecen Cenicienta y Ana Rosa? ¿En qué se diferencian?

**Escribir variedad de textos** Si Cenicienta y Ana Rosa se conocieran, ¿de qué hablarían? Escribe sobre eso.

Leamos juntos

# ¡Aprendamos!

**CALLE DE LA LECTURA EN LÍNEA
ACTIVIDADES DE VOCABULARIO
www.CalledelaLectura.com**

Creo que debemos escoger este libro porque es un buen cuento. Los personajes son chistosos. ¿Qué libro te gusta a ti, María?

# Escuchar y hablar

Prepárate para el segundo grado

En las conversaciones en grupo, responde cuando alguien diga tu nombre.

**Comenta información e ideas** Un buen oyente pone atención a lo que dicen los demás y escucha con cuidado sus ideas. Deja que todos hablen.

**¡Practícalo!** Imagínate que tú y algunos de tus compañeros tienen que escoger juntos un libro nuevo. Deja que todos digan sus ideas.

# Vocabulario

Una **palabra compuesta** se hace con dos palabras cortas. Puedes saber el significado de la palabra al mirar las dos palabras cortas.

Telaraña = tela + araña

*Tela* es un tejido y *araña,* el animal que la hace. La *telaraña* es el tejido de una araña.

**¡Practícalo!** Lee estas palabras compuestas. Di el significado de cada palabra.

**rompecabezas   sacapuntas   pelirrojo**

# Fluidez

**Precisión y ritmo** Al leer, trata de no cometer errores. Lee las oraciones como si estuvieras hablando.

**¡Practícalo!**

**1.** Traza la línea con el lápiz verde.

**2.** ¿Dónde están mis zapatos negros?

**3.** Ponte el abrigo antes de irte.

# Hablemos sobre

## Tesoros sorprendentes

Leamos juntos

- Comenta tus ideas sobre lo que significa apreciar algo.

- Comenta la información sobre tesoros que podemos encontrar en nuestro país.

**CALLE DE LA LECTURA EN LÍNEA**
**VIDEO DE HABLAR DEL CONCEPTO**
www.CalledelaLectura.com

## Sonidos

**Leamos juntos**

● Busca a la niña que está jugando con la plastilina blanda. Di: "blanda". ¿Qué sonidos escuchas al comienzo de *blanda*? Busca tres cosas que empiecen con /bl/.

● Busca dos cosas que tengan /gl/, como *glosario*.

● Busca el globo. Añade el sonido /s/ al final. Di la palabra. ¿Ves los globos en la ilustración?

● Escucha la palabra *tomo*. Cambia el sonido /t/ por el sonido /c/. Di la palabra. Busca esa acción en la ilustración.

**CALLE DE LA LECTURA EN LÍNEA**
**TARJETAS DE SONIDOS Y GRAFÍAS**
www.CalledelaLectura.com

¡Imagínalo! Sonidos y sílabas

**blanco**

bl-    blan-

CALLE DE LA LECTURA EN LÍNEA
TARJETAS DE SONIDOS Y GRAFÍAS
www.CalledelaLectura.com

Fonética

# 🔄 Grupo consonántico *bl*

## Sonidos y sílabas que puedo combinar

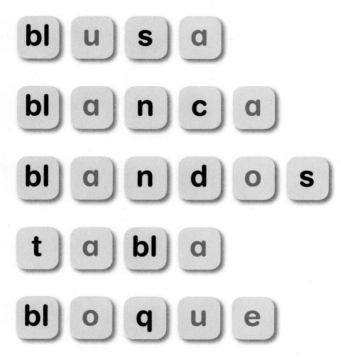

## Oraciones que puedo leer

**1.** Ponte la blusa blanca.

**2.** El bebé come alimentos blandos.

**3.** Usa la tabla y el bloque para el subibaja.

# Palabras que puedo leer

| estoy |
| clase |
| año |
| dice |
| ellos |

## Oraciones que puedo leer

**1.** Estoy en la clase con Pablo.

**2.** ¡Vino mucho público este año!

**3.** Blanca dice que ellos son amables.

**Objetivos**

• Decodificar sílabas. • Decodificar palabras que incluyan grupos consonánticos. • Decodificar palabras por separado, incluyendo grupos consonánticos. • Comprender el vocabulario nuevo y utilizarlo correctamente al leer y al escribir. • Decodificar palabras que incluyan sílabas abiertas. • Decodificar palabras que incluyan sílabas cerradas.

¡Imagínalo! Sonidos y sílabas

## globos

gl-   glo-

**CALLE DE LA LECTURA EN LÍNEA**
**TARJETAS DE SONIDOS Y GRAFÍAS**
**www.CalledelaLectura.com**

Fonética

# Grupo consonántico *gl*

## Sonidos y sílabas que puedo combinar

gl o t ó n

i gl ú

gl o b o

r e gl a

j u n gl a

## Oraciones que puedo leer

**1.** El oso glotón entró al iglú.

**2.** Yo tengo el globo y la regla.

**3.** ¿Cómo dices jungla en inglés?

# ¡Ya puedo leer!

¡Estoy contento! Este año en clase hablamos de los tesoros del país.

—Entre ellos están —dijo el maestro— las grandes praderas y las granjas de los pueblos. También está nuestra bandera blanca, roja y azul.

—Y el cable y la Internet, para ver y hablar por todo el globo de la Tierra —le dije yo.

—Bueno —dice riéndose— ésos no son tesoros, pero sí hablas muy bien el inglés.

## Has aprendido

- Grupo consonántico *bl*
- Grupo consonántico *gl*

**Palabras de uso frecuente**
año   clase   ellos
dice   estoy

# De viaje por
# Washington, D.C.

*por Elizabeth Fitzgerald Howard*
*ilustrado por Dean MacAdam*

Pregunta de la semana

**¿Qué tesoros encontramos en nuestro país?**

¡Hola! Me llamo Metro Blas y estoy aquí para mostrarte mi hogar, Washington, D.C. Cada año llegan a Washington visitantes de todas partes. ¿Sabes por qué? Porque es la capital del país.

¡Vamos! Te voy a mostrar esta ciudad tan animada. A veces llevo muchos pasajeros, pero ahora te voy a llevar solamente a ti.

UNION STATION

En Washington, D.C., los líderes del país hacen las leyes. Las leyes son las reglas que debemos seguir. ¿Cómo llegan a ser estas personas los líderes? Nosotros votamos por ellos. Al votar, escogemos las personas que van a hacer las leyes para todos.

CAPITOLIO

M

La primera parada está a la derecha. En ese lugar hay dos documentos. Uno es la Declaración de Independencia. Ese documento tiene más de dos siglos y dice que todo ciudadano de los Estados Unidos tiene derecho a ser libre. El otro documento es la Constitución. Es un plan de gobierno.

Declaración de Independencia

Constitución

Washington, D.C., se llama así por George Washington, el primer presidente de los Estados Unidos. El presidente es el líder del país. Muchas personas dicen que George Washington es el "Padre de la Patria".

Voy a doblar muy despacio para que puedas ver la Casa Blanca. Aquí vive y trabaja el presidente.

⑤

Por esta carretera llegamos al río
Potomac. ¡Mira a lo alto! Esa hermosa
ave representa a los Estados Unidos.
Es poderosa y libre.

¿Viste? El águila pudo atrapar un pez con sus patas. Hace poco era raro ver esta clase de aves libres en la naturaleza. Ahora hay muchas más.

En esta calle vas a ver muchas banderas. En Washington, D.C. verás en muchas partes la bandera de las franjas y las estrellas. Esta bandera roja, blanca y azul también representa a los Estados Unidos.

6

Volvemos al lugar de donde salimos. Espero que Washington, D.C. te haya gustado mucho. ¡Ojalá vengas otra vez!

ADIÓS

M

**¡Imagínalo!** | Volver a contar

# Piensa críticamente

**1.** ¿Por qué la capital de nuestro país es un lugar importante? **El texto y el mundo**

**2.** ¿Por qué la autora escribió acerca de los edificios de nuestra capital? **Propósito del autor**

**3.** ¿El nombre de quién lleva nuestra capital? ¿Por qué? Localiza el hecho en el cuento.

**Hechos y detalles**

**4.** Di dos cosas que representan a los Estados Unidos. **Ideas importantes**

**5. Mira de nuevo y escribe** Vuelve a mirar las páginas 103 a 109. Vuelve a contar los sucesos en orden lógico. Usa palabras del texto. Escribe un párrafo sobre los sucesos del texto.

**PRÁCTICA PARA EL EXAMEN** Respuesta desarrollada

# Elizabeth Fitzgerald Howard

Cuando no está escribiendo sobre lugares importantes como Washington, D.C., Elizabeth Fitzgerald Howard escribe cuentos basados en su familia. De niña, su padre le contaba muchas historias. Cuando dejó de dar clases, la Sra. Howard usó esas historias para escribir varios libros para niños.

Busca más cuentos sobre tesoros.

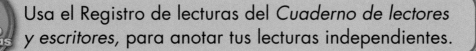

Usa el Registro de lecturas del *Cuaderno de lectores y escritores*, para anotar tus lecturas independientes.

## Escritura descriptiva

# Poema descriptivo

Un **poema descriptivo** ayuda a los lectores a imaginar lo que pasa. El modelo del estudiante de la página siguiente es un ejemplo de poema descriptivo.

**Instrucciones** Piensa en algún paseo. Escribe un poema donde describas lo que te gustaría ver.

**Leamos juntos**

## ¡Escribamos!

**Aspectos principales de un poema descriptivo**

• Muchos son más cortos que un cuento.

• Usa palabras que cuentan cómo es algo y que pueden rimar o no.

**CALLE DE LA LECTURA EN LÍNEA**
**GramatiRitmos**
**www.CalledelaLectura.com**

### Lista del escritor

Recuerda que debes...

☑ ayudar a los lectores a imaginarse lo que pasa.

☑ contar sobre un lugar que te gustaría ver.

☑ usar adjetivos para contar cómo son las cosas y de qué tamaño son.

UNION STATION

M

# El mejor paseo

¡Vamos de paseo al zoológico!

¡Veremos osos **gigantes**

y un canguro **elegante**!

Veremos **diminutas** ratoncitas,

jugando en sus **pequeñas** casitas.

**Característica de la escritura: Enfoque/Ideas**
Este poema **se enfoca** en un lugar en particular.

Algunos **adjetivos** describen el tamaño.

**Género: Poema descriptivo**
Este poema cuenta cómo son los animales de un zoológico.

## Normas

- ## Adjetivos: Tamaño

**Recuerda** Algunos **adjetivos** dicen de qué tamaño es algo.
- **Grande, pequeño, largo** y **corto** describen el tamaño.

- La casa es **grande**.

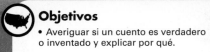

**Objetivos**
• Averiguar si un cuento es verdadero o inventado y explicar por qué.

**Estudios Sociales en Lectura**

Leamos juntos

**Género**
## Autobiografía

● Una autobiografía es la historia de la vida de alguien, escrita por esa misma persona.

● El escritor o la escritora de una autobiografía usa las palabras *yo* y *mi* al contar su vida.

● Una autobiografía habla de personas y lugares reales. Los sucesos que se describen son verdaderos.

● Cuando leas *Mi 4 de Julio*, piensa por qué es una autobiografía.

# Mi 4 de Julio

Mi familia disfruta del 4 de Julio. Mamá cocina ocho pasteles para llevar a la fiesta de la comunidad.

Adornamos nuestras bicicletas
con cintas blancas, rojas y azules.

Pensemos...

¿Qué parte de su vida está describiendo el escritor o la escritora? **Autobiografía**

Nos divertimos a lo grande
tratando de ganar la carrera de sacos.

**Pensemos...**

¿Cómo sabes que esta selección es una autobiografía?
**Autobiografía**

Papá conoce el mejor lugar para ver los fuegos artificiales por la noche. ¡Pum! ¡Pam! ¡Pum! El cielo se llena de luces.

¿Llegarán estas luces hasta la Luna? Todos la pasamos bien. ¡Qué hermoso espectáculo!

**Pensemos...**

¿Es esta selección una historia verdadera o fantástica? Explica tu respuesta. **Autobiografía**

**Pensemos...**

**Relacionar lecturas** *De viaje por Washington, D.C.* y *Mi 4 de Julio* hablan de cosas que son importantes para las personas de los Estados Unidos. Localiza detalles en los dos textos que describan esas cosas.

**Escribir variedad de textos** Si el escritor o la escritora de *Mi 4 de Julio* visitara Washington, D.C. con su familia, ¿qué harían allá? Escribe sobre eso.

**Leamos juntos**

# ¡Aprendamos!

CALLE DE LA LECTURA EN LÍNEA
**ACTIVIDADES DE VOCABULARIO**
www.CalledelaLectura.com

# Escuchar y hablar

**Prepárate para el segundo grado**

Usa la voz para mostrar el ritmo de un poema.

**Presentar un poema** Al leer un poema, usamos la voz para mostrar el ritmo del poema. El ritmo es un sonido fuerte y repetido. Hablamos claro para que los demás entiendan.

**¡Practícalo!** Escribe un poema corto sobre Washington, D.C. Léelo a los demás. Usa la voz para mostrar el ritmo.

# Vocabulario

Al **clasificar palabras,** las agrupamos en categorías conceptuales, o grupos que tienen algo en común. Los **sustantivos** nombran personas, animales, lugares o cosas. Los **verbos** indican una acción.

bote

*Bote* es un sustantivo. *Correr* es un verbo.

correr

Lee estas palabras. Identifícalas y clasifícalas en **sustantivos** y **verbos**. Escríbelas.

**árbol**          **saltar**          **llorar**          **ave**

# Fluidez

**Expresión y entonación** Al leer, trata de hacerlo como si estuvieras hablando. Usa la voz para mostrar expresión.

¡Practícalo!

1. En clase hicimos un iglú con bloques.

2. Este año ellos van a la jungla.

3. ¡Ella dice que estoy listo para ir!

**Vocabulario oral**

# Hablemos sobre

## Tesoros para compartir

*Leamos juntos*

- Comenta tus ideas sobre lo que significa compartir un tesoro.

- Comenta tus ideas sobre por qué apreciamos mucho algunos lugares.

**CALLE DE LA LECTURA EN LÍNEA**
**VIDEO DE HABLAR DEL CONCEPTO**
www.CalledelaLectura.com

**120**

# Escuchemos

## Sílabas

**Leamos juntos**

- ¿Ves la foto del niño? El niño celebra un triunfo. Escucha la palabra *triunfo*. Da una palmada por cada sílaba. Busca otra cosa que tenga /iu/.

- Busca cosas que tengan /io/, /ie/ o /ia/ como *radio*, *piedra*, *zanahoria*. Di cada una de estas palabras. Da una palmada por cada sílaba que escuches en cada palabra.

- Busca algo que se mueva rápidamente. Busca algo que se mueva lentamente. Di las palabras: "rápidamente", "lentamente". ¿En qué se parecen estas palabras?

- Di: "piano". Cambia la sílaba /pia/ por la sílaba /ma/.

**CALLE DE LA LECTURA EN LÍNEA**
**TARJETAS DE SONIDOS Y GRAFÍAS**
www.CalledelaLectura.com

**Objetivos**

• Decodificar palabras que incluyan sílabas abiertas. • Decodificar palabras que incluyan sílabas cerradas. • Decodificar sílabas. • Decodificar palabras por separado, incluyendo sílabas abiertas. • Decodificar palabras por separado, incluyendo sílabas cerradas. • Comprender el vocabulario nuevo y utilizarlo correctamente al leer y al escribir.

**¡Imagínalo!** Sonidos y sílabas

ciudad

-iu-

escritorio

-io-

pie

-ie

piano

-ia-

**CALLE DE LA LECTURA EN LÍNEA**
TARJETAS DE SONIDOS Y GRAFÍAS
www.CalledelaLectura.com

Fonética

# 🔊 Diptongos *iu, io, ie, ia*

## Sonidos y sílabas que puedo combinar

v iu d a

t ie n d a

o f i c io

p ia n o

a b ie r t a

## Oraciones que puedo leer

**1.** La viuda pasó por la tienda.

**2.** Mi oficio es reparar casas.

**3.** La tapa del piano está abierta.

## Palabras que puedo leer

niños

hasta

cosas

alto

abrir

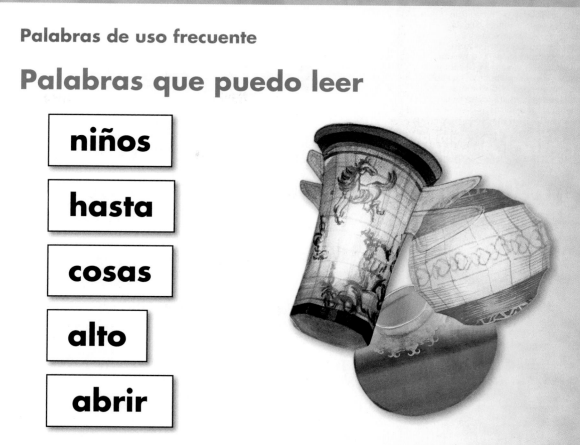

## Oraciones que puedo leer

**1.** Los siete niños van hasta la ciudad.

**2.** Gregorio habla muy alto y dice muchas cosas.

**3.** ¿Vas a abrir la puerta?

**¡Imagínalo!** Sonidos y sílabas

## lentamente

lenta-  -mente

**CALLE DE LA LECTURA EN LÍNEA**
TARJETAS DE SONIDOS Y GRAFÍAS
www.CalledelaLectura.com

Fonética

# 🔊 Sufijo *-mente*

## Sonidos y sílabas que puedo combinar

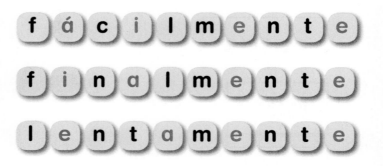

f á c i l m e n t e

f i n a l m e n t e

l e n t a m e n t e

## Oraciones que puedo leer

**1.** Diana hace su tarea muy fácilmente.

**2.** Finalmente terminé el trabajo.

**3.** Limpiamos la cocina lentamente.

# ¡Ya puedo leer!

Mariana fue de visita a su pueblo. Preparó sus cosas.

Empezó por abrir un recipiente limpio y llenarlo de galletas. En el camino, sus papás pararon a estirar las piernas.

Entonces vio un caballo muy alto. El caballo se acercó curiosamente hasta Mariana. Ella le dio una galleta y el caballo se la comió felizmente. ¡Los niños y los caballos se hacen amigos fácilmente!

## Has aprendido

- Diptongos con *iu, io, ie, ia*
- Sufijo *-mente*

**Palabras de uso frecuente**

cosas  abrir  alto
hasta  niños

# La lechera

adaptación por Luz Orihuela

ilustrado por Mabel Piérola

Pregunta de la semana

## ¿Por qué apreciamos nuestros sueños?

Género

Un **cuento folclórico** es un cuento que se ha venido contando de generación en generación. Ahora vas a leer el cuento de una niña lechera que soñaba con comprarse muchos animales.

Leamos juntos

Hace ya mucho tiempo,
en una granja de vacas,
vivía una niña con su familia.

Cada día, una vez ordeñadas las vacas,
la niña se encargaba de llevar la leche
hasta la ciudad para venderla.

Mientras iba por el camino, una sola idea le rondaba la cabeza:

—Venderé la leche y, con el dinero que me den, compraré muchas cosas.

—Compraré una gallina clueca
que ponga muchos huevos. Así, tendré
polluelos —se decía contenta.

—Los pollitos crecerán; los venderé,
y con el dinero que me den, compraré un lechón.

Y la pequeña lechera seguía su camino,
piensa que te piensa con todo lo que ganaría
con la leche.

—Cuando el cerdito esté bien gordo,
lo venderé y compraré un ternero —pensaba.

Estaba muy emocionada.
Imaginaba al ternerillo saltar,
con ella y otros niños. Y comenzó
a saltar alegremente.
      Y saltó tanto y tan alto que...

¡Catapum! En un abrir y cerrar de ojos,
ni ternero, ni cerdito, ni pollitos, ni gallina,
ni tan siquiera leche.

¡Pobre lechera!

Tanto soñar con lo que conseguiría y volvió a casa con tan sólo dos rodillas raspadas y lágrimas en sus mejillas.

**¡Imagínalo!** | **Volver a contar**

**CALLE DE LA LECTURA EN LÍNEA**
**ORDENACUENTOS**
www.CalledelaLectura.com

# Piensa críticamente

**1.** El cuento habla de una gallina, un cerdito y un ternero. ¿Qué otros animales de granja conoces? El texto y tú

**2.** ¿Qué siente la autora por la lechera? ¿Por qué? Piensa como un autor

**3.** ¿Cómo se imagina la lechera que va a comprarse un ternero? Hechos y detalles

**4.** ¿Qué preguntas relevantes te hacías sobre los sucesos del cuento mientras leías? Preguntar

**5. Mira de nuevo y escribe** Vuelve a mirar la página 143. ¿Cómo se siente la lechera? Escribe sobre eso. Usa detalles del texto que justifiquen los sentimientos de la lechera.

**PRÁCTICA PARA EL EXAMEN** Respuesta desarrollada

# Conoce a la autora

# Luz Orihuela

Luz Orihuela vive en España. Es periodista y escritora de libros infantiles. También escribe libros de texto. Luz ha traducido y adaptado muchos cuentos populares, como el de *La lechera*. Sus tres pasiones son el periodismo, los libros y su hijo Max.

Busca más cuentos sobre tesoros.

Usa el Registro de lecturas del *Cuaderno de lectores y escritores*, para anotar tus lecturas independientes.

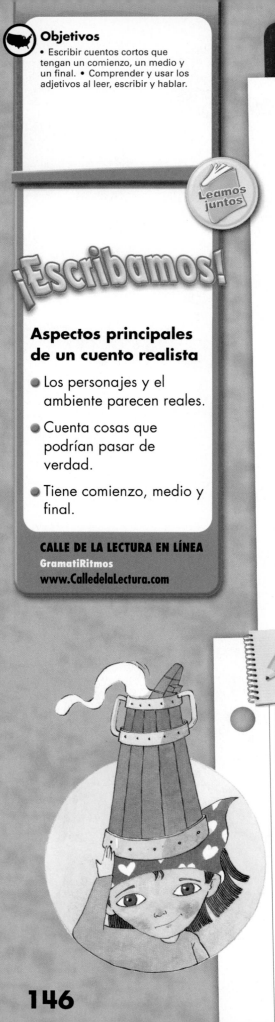

**Objetivos**
• Escribir cuentos cortos que tengan un comienzo, un medio y un final. • Comprender y usar los adjetivos al leer, escribir y hablar.

Leamos juntos

## ¡Escribamos!

**Aspectos principales de un cuento realista**

● Los personajes y el ambiente parecen reales.

● Cuenta cosas que podrían pasar de verdad.

● Tiene comienzo, medio y final.

**CALLE DE LA LECTURA EN LÍNEA**
**GramatiRitmos**
**www.CalledelaLectura.com**

**Escritura narrativa**

# Cuento realista

Un **cuento realista** es un cuento inventado que puede pasar en la vida real. El modelo del estudiante de la página siguiente es un ejemplo de cuento realista.

**Instrucciones** Piensa en la vida en una granja. Escribe un cuento sobre niños que visitan una granja. Asegúrate de incluir un comienzo, un medio y un final.

## Lista del escritor

Recuerda que debes...

☑ contar algo que podría pasar de verdad.

☑ usar oraciones que no sean parecidas.

☑ usar adjetivos para decir cómo es algo.

# La granja

Alicia y José viven en la ciudad.

Ellos visitan la granja **bonita** del Sr. y la Sra. López.

¿Hay muchas cosas que hacer en esta granja? Alicia y José van a montar caballos **fuertes**.

El último día, le dan comida a una vaca. ¡Es un paseo **divertido**!

**Característica de la escritura: Oraciones**
El escritor usa distintos tipos de oraciones.

**Género: Cuento realista**
Alicia y José son como niños de la vida real. El cuento tiene principio, medio y final.

Estos **adjetivos** cuentan cómo son las cosas.

Busca las abreviaciones Sr. y Sra. en el texto. Sr. es para *señor* y Sra. es para *señora*.

## Normas

● **Adjetivos: Cómo es**

**Recuerda** Un **adjetivo** cuenta cómo son las cosas.

Me gustan los mangos **maduros**.

**Objetivos**
• Explicar el significado de las señales y los símbolos.

**Estudios Sociales en Lectura**

## Género
## Texto de procedimiento

- Una señal nos da información. Nos puede decir qué es algo, adónde ir, qué hacer o de qué cuidarnos.

- Un símbolo es algo que representa otra cosa.

- Los símbolos dan mucha información en un espacio pequeño.

- Las señales de peligro tienen forma de diamante y son amarillas con símbolos negros. Son fáciles de ver.

- Al leer *De camino a una granja*, busca señales y símbolos. Explica para qué sirve cada uno.

# De camino a una GRANJA

**Leamos juntos**

Vamos a una granja. Veremos señales y símbolos por el camino. Nos servirán de ayuda.

Estas señales indican en qué autopista estamos. Podemos ver el número en nuestro mapa.

**Pensemos...**

¿Qué información nos dan estas señales?
**Texto de procedimiento**

Este símbolo nos dice que hay una gasolinera más adelante.

**Pensemos...**

¿Por qué muchas señales usan símbolos?
**Texto de procedimiento**

Esta señal indica la velocidad a la que podemos ir por esta carretera.

Las señales amarillas en forma de diamante indican que hay que tener cuidado.

**Pensemos...**

¿Por qué las señales de advertencia son todas del mismo color y tienen la misma forma? **Texto de procedimiento**

Esta señal indica que tengamos cuidado con el ganado.

Esta señal indica que tengamos cuidado con los jinetes.

¿Qué significa esta señal?

¡Esta señal nos dice que hemos llegado! Estamos en la granja.

**Pensemos...**

¿Qué significan esta señal y este símbolo? ¿Qué preguntas harías sobre ellos? **Texto de procedimiento**

**Pensemos...**

**Relacionar lecturas** ¿Cuál de las señales que ves en *De camino a una granja* crees que verías en la granja o cerca de la granja de *La lechera*? ¿Por qué?

**Escribir variedad de textos** Dibuja una señal que pudiera estar cerca de una granja, como la de *La lechera*. Escribe qué significa la señal y por qué la escogiste.

151

Leamos juntos

¡Aprendamos!

CALLE DE LA LECTURA EN LÍNEA
ACTIVIDADES DE VOCABULARIO
www.CalledelaLectura.com

Prepárate para el segundo grado

Usa la televisión, los periódicos y la Internet para buscar información.

# Lectura y medios de comunicación

**Propósito de los medios** La televisión, los periódicos y la Internet nos dan información sobre el tiempo, la gente, los deportes y otras noticias.

 **¡Practícalo!** Ve un informe del tiempo en la televisión o mira un mapa del tiempo en el periódico. Comparte lo que aprendas con los demás. Usa adjetivos como *frío, caliente, soleado* o *lluvioso*.

# Vocabulario

Algunas palabras suenan igual pero quieren decir cosas distintas. Las **claves del contexto** pueden ayudar a mostrar qué quiere decir una palabra.

Voy a **botar** la basura.

Voy a **votar** por Carlitos.

*Botar y votar suenan igual, pero se escriben diferente y no quieren decir lo mismo.*

---

**¡Practícalo!** Escribe una oración con cada una de estas palabras. Pídele a un compañero que lea las oraciones y que diga qué quiere decir cada una de las palabras.

**Ay        hay        casa        caza**

# Fluidez

**Precisión, ritmo y expresión**

Al leer, trata de no cometer errores.
Usa la voz para mostrar emoción.

- - - - - - - - - - - - - - - - - - - - -

**¡Practícalo!**

**1.** Pusimos las cosas en alto.

**2.** ¡Hasta los niños pueden abrir la puerta!

**Objetivos**

• Escuchar atentamente a los hablantes y hacer preguntas para comprender mejor el tema. • Comentar información e ideas sobre un tema. Hablar a un ritmo normal.

**Vocabulario oral**

# Hablemos sobre

## Tesoros para compartir

**Leamos juntos**

- Comenta tus ideas sobre lo que significa compartir un tesoro.

- Comenta la información sobre tesoros que podemos compartir en casa.

**CALLE DE LA LECTURA EN LÍNEA**
**VIDEO DE HABLAR DEL CONCEPTO**
**www.CalledelaLectura.com**

154

¡Has aprendido 2 1 7 palabras asombrosas este año!

155

**Objetivos**

• Decir un grupo de palabras que riman usando terminaciones diferentes. • Conocer cómo cambia el sonido de una palabra al cambiar la forma de escribirla.

**Conciencia fonológica**

# Escuchemos

*Leamos juntos*

## Sonidos

● Di: "caluroso", "espinoso". ¿Qué sonidos escuchas al final de las palabras? Busca otras palabras que terminen en *-oso*.

● Di: "cariñosa", "jabonosa". ¿En qué se parecen estas palabras? Busca palabras que rimen con *cariñosa*.

● Escucha la palabra *vistoso*. Cambia la /v/ por /ch/. Di la nueva palabra. Busca algo chistoso en la ilustración.

● Di: "ante". Di: "ojos". Combina las dos palabras. ¿Qué palabra se forma? Di la palabra completa.

**CALLE DE LA LECTURA EN LÍNEA**
**TARJETAS DE SONIDOS Y GRAFÍAS**
www.CalledelaLectura.com

156

**¡Imagínalo!** | Sonidos y sílabas

## quitanieves

quita-  -nieves

**CALLE DE LA LECTURA EN LÍNEA**
**TARJETAS DE SONIDOS Y GRAFÍAS**
www.CalledelaLectura.com

Fonética

# 🔊 Palabras compuestas

## Sonidos y sílabas que puedo combinar

p e l i rr o j o

s a c a p u n t a s

c u m p l e a ñ o s

g i r a s o l

c i e m p i é s

## Oraciones que puedo leer

**1.** El niño pelirrojo tiene el sacapuntas.

**2.** De regalo de cumpleaños me dio un girasol.

**3.** ¿Cuántos pies tiene un ciempiés?

## Palabras que puedo leer

había

perro

silla

pequeña

## Oraciones que puedo leer

**1.** Había una vez un perro pelirrojo con anteojos.

**2.** Un saltamonte brincó a la silla de la abuela.

**3.** La pequeña niña es una sabelotodo.

¡Imagínalo! | Sonidos y sílabas

**verdoso**

**verd- -oso**

CALLE DE LA LECTURA EN LÍNEA
TARJETAS DE SONIDOS Y GRAFÍAS
www.CalledelaLectura.com

Fonética

# Sufijos -oso, -osa

## Sonidos y sílabas que puedo combinar

c a r i ñ o s a

t a l e n t o s a

f a b u l o s o

f a m o s o

l u j o s o

## Oraciones que puedo leer

**1.** ¡Eres cariñosa y talentosa!

**2.** Lola lleva un vestido fabuloso.

**3.** Ese famoso lugar es muy lujoso.

Ese fin de semana nos quedamos en casa. Mi mamá había planeado una pequeña reunión familiar. Tenemos un perro muy chistoso que correteó a los saltamontes y a los ciempiés.

Salimos al patio. Jugamos en la alberca, con un salvavidas. Mi hermano no se quitó los anteojos. Mi mamá estaba muy amorosa en su silla. Me sentí muy dichoso de tener un hogar tan hermoso.

## Has aprendido

- Palabras compuestas
- Sufijos -oso, -osa

**Palabras de uso frecuente**

había    pequeña

perro    silla

# LA SILLA DE PEDRO

por Ezra Jack Keats

**Género**

La **ficción realista** tiene personajes inventados que actúan como personas reales. Ahora vas a leer un cuento sobre un niño que tiene una hermanita recién nacida.

Leamos juntos

Pregunta de la semana

## ¿Qué tesoros podemos compartir en casa?

163

Pedro se estiró lo más que pudo.
¡Al fin! Había terminado el rascacielos.

¡CATAPLUM! ¡Se vino abajo!

—¡Shhh! —dijo su mamá—. Tienes que jugar sin hacer tanto ruido. Acuérdate que tenemos un bebé en casa.

Pedro se asomó al cuarto de su hermana
Susie. Su mamá arreglaba la cuna.

"Ésa es mi cuna"—pensó Pedro—,
"y la han pintado de rosado".

—Hola, Pedro —dijo su papá—. ¿Te gustaría ayudarme a pintar la silla de comer de tu hermana?

—Ésa es mi silla —susurró Pedro.

**167**

Vio su camita y refunfuñó furioso:

—¡Mi camita! ¡También está pintada de rosado!

A pocos pasos estaba su sillita.

—¡Aún no la han pintado! —gritó al verla.

Cogió la silla y corrió a su habitación.

—Willie, vamos a escaparnos —dijo Pedro, y llenó una bolsa grande con galletitas, y con bizcochos para el perro.

—Llevaremos mi silla azul, mi cocodrilo de juguete y la foto de cuando yo era un bebé.

Willie agarró su hueso.

Salieron y se pararon frente a la casa.

—Éste es un buen lugar —dijo Pedro. Arregló con cuidado sus cosas y decidió sentarse en su silla por un rato.

Pero no cabía en la silla.
¡Era muy pequeña!

La mamá se asomó a la ventana y lo llamó:

—Pedro, cariño, ¿no vas a regresar a casa?
Tenemos algo especial para el almuerzo.

Pedro y Willie hicieron como si no hubieran oído,
pero en ese momento a Pedro se le ocurrió una idea.

Al poco rato, la mamá se dio cuenta de que Pedro ya estaba en la casa.

—Ese pícaro está escondido detrás de la cortina —dijo alegremente.

Movió la cortina, ¡pero Pedro
no estaba ahí!

—Aquí estoy —gritó Pedro.

Pedro se sentó en una silla
para personas mayores y su papá
se sentó a su lado.

—Papi —dijo Pedro—,
pintemos de rosado la sillita
para Susie.

are is and
conside the larg all
pe. In Switzerland, where moun-
are covered with a rich nourishing
age, which is entirely reserved for
kine, these animals grow to a very
size. On the contrary, in France,

Y así lo hicieron.

¡Imagínalo! Volver a contar

CALLE DE LA LECTURA EN LÍNEA
ORDENACUENTOS
www.CalledelaLectura.com

# Piensa críticamente

**1.** ¿Comprendiste por qué Pedro estaba triste? ¿Te has sentido alguna vez como Pedro? Haz la conexión.

El texto y tú

**2.** ¿Por qué crees que el autor escribió esta historia? Propósito del autor

**3.** ¿Qué aprende Pedro en esta historia? Tema

**4.** ¿Qué pasa al principio, al medio y al final? Pon atención a la secuencia. ¿Cómo se siente Pedro al final? Estructura del cuento

**5. Mira de nuevo y escribe** Vuelve a mirar las páginas 168 y 169. ¿Por qué Pedro se lleva la silla para su habitación? Localiza el detalle y escribe sobre eso.

PRÁCTICA PARA EL EXAMEN | Respuesta desarrollada

# Ezra Jack Keats

Ezra Jack Keats fue artista y escritor. Creció en Brooklyn, Nueva York, y con frecuencia escribió sobre la vida en la ciudad.

Su primer cuento sobre Pedro, *El día de nieve,* ganó la Medalla de Caldecott y lo hizo famoso. El Sr. Keats murió en 1983.

Busca más cuentos sobre tesoros.

Registro de lecturas

Usa el Registro de lecturas del *Cuaderno de lectores y escritores,* para anotar tus lecturas independientes.

**183**

**Leamos juntos**

# ¡Escribamos!

**Aspectos principales de una nota para dar las gracias**

● Agradece a alguien por haber hecho algo bueno.

● Dice lo que siente el escritor.

**CALLE DE LA LECTURA EN LÍNEA**
**GRAMATIRITMOS**
www.CalledelaLectura.com

## Escritura expresiva

# Nota para dar las gracias

Una **nota para dar las gracias** le dice a alguien que estás agradecido. El modelo del estudiante es un ejemplo de una nota para dar las gracias.

**Instrucciones** Piensa en alguien que te prestó algo. Escribe una nota para darle las gracias.

## Lista del escritor

Recuerda que debes...

☑ decir por qué le agradeces a esta persona.

☑ usar palabras de números para decir cuántas cosas te prestó.

☑ escribir la fecha, el saludo y la despedida.

5 de mayo de 2010

Querida Ester:

Gracias por prestarme los **tres** libros.

Mi libro favorito es el de los **dos** perritos.

Tu amiga,

Tamara

**Característica de la escritura: Normas**
Las mayúsculas, la puntuación y la ortografía ayudan a entender lo que escribes.

Estos **adjetivos** dicen cuántas cosas son.

**Género: Nota para dar las gracias**
El escritor usó palabras para dar las gracias.

## Normas

## Adjetivos: Cuántos hay

**Recuerda** Algunos **adjetivos** dicen cuánto hay de algo.

¿Tiene Pedro **muchas** galletas y **cuatro** dulces para su perro?

## Destrezas del siglo XXI
### EXPERTO EN LA INTERNET

¡El **correo electrónico** es fabuloso! Envía un correo electrónico a otros estudiantes alrededor del mundo. Trabajen juntos en algún proyecto. Ayuden a mejorar el mundo. O lean juntos un libro y luego coméntenlo por correo electrónico.

- Con ayuda de una computadora y la Internet podemos enviar mensajes a larga distancia muy rápidamente. Estos mensajes se llaman correos electrónicos.

- El correo electrónico nos ayuda a comunicarnos con rapidez.

- El correo electrónico se envía a la dirección de correo electrónico de otra persona.

- Escribir y enviar correos electrónicos es fácil y rápido. Escribes tu mensaje y luego oprimes el botón SEND.

Pedro vive lejos de su abuela. Se mandan mensajes por computadora. Mira cómo.
1. Pedro teclea su mensaje.

Hola, abuela:

Tengo una hermanita chiquita.
¿Tú tuviste una hermanita?
¿Cómo te sentiste?
Por favor, ven a vernos pronto.

Pedro

2. Pedro hace clic con el ratón sobre el botón SEND, que significa "enviar". En un segundo, su abuela recibe el mensaje de Pedro.

3. La abuela lee el mensaje de Pedro.

4. Luego ella le contesta.

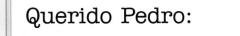

Write   Reply   Send   Forward   Delete   Address   Print

Querido Pedro:

Yo también tuve una hermanita.
Ayudé a cuidarla. Muchas cosas han cambiado desde entonces.
Iré de visita el mes que entra.

Tu abuela

**para más práctica**

**Busca en línea**
www.CalledelaLectura.com
Escribe un correo electrónico a un familiar.

**Destrezas del siglo XXI Actividad en línea**
Conéctate a Internet y sigue la actividad en línea paso a paso para escribir un correo electrónico.

**187**

**Leamos juntos**

**¡Aprendamos!**

CALLE DE LA LECTURA EN LÍNEA
ACTIVIDADES DE VOCABULARIO
www.CalledelaLectura.com

**Prepárate para el segundo grado**

# Lectura y medios de comunicación

Cuando veas programas de televisión, busca su propósito.

**Propósito de los medios** Los libros, las películas, la televisión y la Internet pueden ser fuentes de diversión e información. Podemos leer cuentos divertidos, ver películas sobre la vida de los animales y jugar juegos divertidos.

**¡Practícalo!** Pide al maestro que te ayude a usar la Internet para encontrar un sitio Web interesante. Comparte y comenta la información con los demás. Comenten si lo que encontraron es informativo o divertido.

**188**

# Vocabulario

Las palabras de un **diccionario** o **glosario** están en orden alfabético. Si dos palabras empiezan con la misma letra, mira la segunda letra.

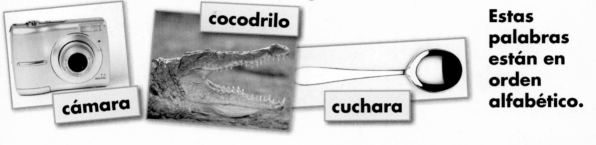

cocodrilo

cámara

cuchara

Estas palabras están en orden alfabético.

**¡Practícalo!** Lee estas palabras. Escríbelas en orden alfabético. Luego búscalas en un diccionario.

**piano**    **pronto**    **perezoso**    **práctica**

# Fluidez

**Fraseo apropiado** Al leer, para un momento cuando veas una coma. Pon atención a los signos de puntuación dentro y al final de la oración.

**¡Practícalo!**

**1.** Había una silla, una mesa y un sillón.

**2.** El perro está en el patio.

**3.** La pequeña no puede usar el cortauñas.

**Objetivos**
- Escuchar atentamente a los hablantes y hacer preguntas para comprender mejor el tema.
- Comentar información e ideas sobre un tema. Hablar a un ritmo normal.

Vocabulario oral

# Hablemos sobre

## Tesoros para compartir

Leamos juntos

- Comenta tus ideas sobre lo que significa compartir un tesoro.

- Comenta la información sobre los tipos de tesoros que podemos compartir con nuestros vecinos.

**CALLE DE LA LECTURA EN LÍNEA**
**VIDEO DE HABLAR DEL CONCEPTO**
**www.CalledelaLectura.com**

190

**Objetivos**
- Decir un grupo de palabras que riman usando terminaciones diferentes.
- Dividir palabras en sílabas.

**Conciencia fonológica**

# Escuchemos

**Leamos juntos**

## Sonidos

- Escucha las palabras: *cría, creativo.* ¿Qué sonidos escuchas al principio de estas palabras? Busca dos cosas que empiecen con /cr/.

- Busca algo que termine en *-ito,* como *arbolito.*

- Busca una cosa que sea pequeña y que termine en *-ita,* como *hermanita.*

- Escucha estas palabras: *caballito, niñito.* ¿Con qué sonidos terminan? Busca tres cosas que rimen con estas palabras.

- Encuentra tres cosas en la ilustración que rimen con *ranita.*

**¡Imagínalo!** Sonidos y sílabas

**crayón**

**cr-**  **cra-**

CALLE DE LA LECTURA EN LÍNEA
TARJETAS DE SONIDOS Y GRAFÍAS
www.CalledelaLectura.com

Fonética

# Grupo consonántico *cr*

## Sonidos y sílabas que puedo combinar

cr e m a

cr e c e r

cr u d o

cr u c e

cr u z

## Oraciones que puedo leer

**1.** El pan de crema va a crecer.

**2.** El pollo está crudo.

**3.** Una cruz en la carretera es un cruce.

## Palabras que puedo leer

| fuera |
| sobre |
| cuento |
| era |

## Oraciones que puedo leer

**1.** La carta de Cristina está fuera del sobre.

**2.** ¿Te cuento un secreto?

**3.** La taza era de cristal.

**¡Imagínalo!** Sonidos y sílabas

**gatito**

gato    -ito

**CALLE DE LA LECTURA EN LÍNEA**
TARJETAS DE SONIDOS Y GRAFÍAS
www.CalledelaLectura.com

**Fonética**

# Sufijos *-ito, -ita*

## Sonidos y sílabas que puedo combinar

n  i  ñ  i  t  o

d  e  s  p  a  c  i  t  o

h  e  r  m  a  n  i  t  a

b  a  j  i  t  a

p  a  l  o  m  i  t  a  s

## Oraciones que puedo leer

**1.** El niñito cruza la calle despacito.

**2.** Mi hermanita es bajita.

**3.** Dame más palomitas.

# ¡Ya puedo leer!

Hola Cristina:

Te cuento que tenemos un buen vecino.
Al cruzar el patio, en su casa, hay un árbol.
Nos da sombra todo el día. Dice el vecino
que lo vio crecer desde que era pequeñito
el arbolito. Ahora la ramas pasan sobre
su casa.

Mi hermanito y yo jugamos con el vecinito.
No es como el vecino de antes que nos
gritaba "fuera, fuera". No dejes de escribir.
Ven a conocer mi nueva casita.

Crisol

## Has aprendido

- Grupo consonántico cr
- Sufijos -ito, -ita

**Palabras de uso frecuente**
cuento   era
sobre    fuera

# Quiero escribir un cuento

por Mercé Aránega

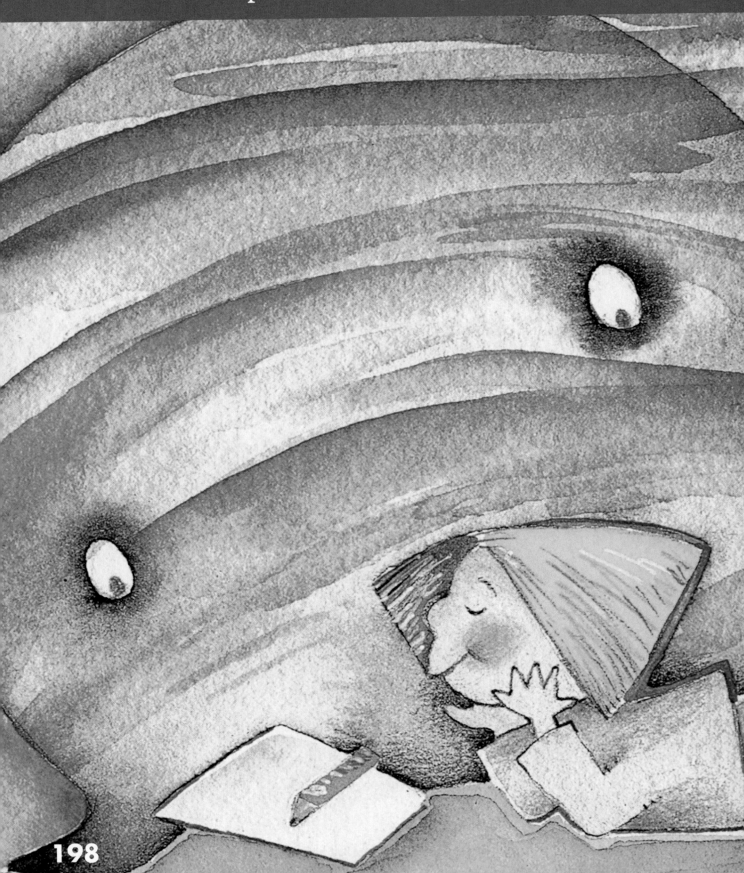

**Género**

La **ficción realista** tiene elementos que parecen reales, pero los cuentos son inventados. Ahora vas a leer un cuento sobre una niña que escribe un cuento.

Leamos juntos

Pregunta de la semana

**¿Qué tesoros podemos compartir con nuestros amigos?**

Marta tiene seis años. Y también muchos lápices, muchas libretas, muchos juguetes… ¡y muchas ganas de escribir un cuento!

Un día empezó a escribir un cuento.

Era de una ballena: una ballena muy, muy grande, **enorme, inmensa**.

Marta cerraba los ojos para imaginar y veía su ballena en el mar.

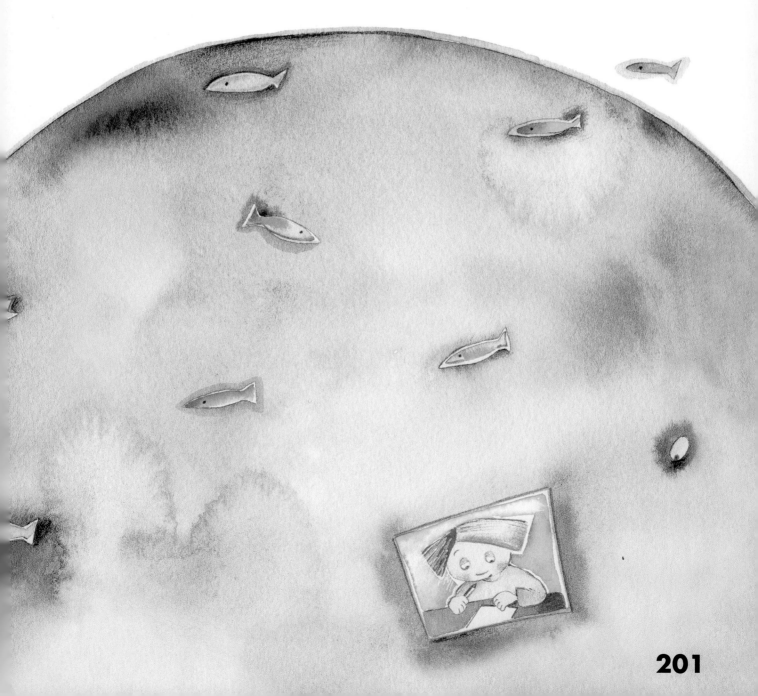

En la escuela, explicó a sus amigos que estaba

muy contenta porque había escrito el cuento

de una ballena muy, muy grande, **enorme,**

**inmensa**, la más **grandota**

de todas las ballenas.

Todos la escucharon atentamente.

Pero, de pronto, Toni dijo:

— Yo tengo un cuento en mi casa de una ballena muy, muy grande, **enorme**, **inmensa**. Y Marta se quedó pasmada.

Alguien había escrito su cuento antes que ella.

Al llegar a su casa, se puso a pensar.
Cerró los ojos y se imaginó nuevas historias
de ballenas.

Tenía muchas ganas de escribir, pero
no le gustaba que sus amigos creyeran
que ella copiaba sus cuentos.

Marta pensó: "Si ya hay un cuento de
una ballena muy, muy grande, yo escribiré
el cuento de la ballena más pequeña.
Será muy, muy pequeña, como un virus."

Es que los virus eran los seres más
pequeños que Marta conocía. Se lo contó
el médico cuando tuvo la gripe.

Al día siguiente, Marta llegó a la escuela con su nuevo cuento. Quería leerlo en seguida, pero antes, mirando a Toni, dijo:

—Y no es de una ballena muy, muy grande. Es el cuento de la ballena más pequeña.

Sus compañeros se pusieron a hablar muy bajito entre ellos. Por fin, Pepi, muy repipi, le dijo a Marta que ella ya había leído ese cuento en la biblioteca. Era de una ballena que se iba volviendo pequeñita.

—Vamos, que ya está escrito. Mañana te lo enseñaré —acabó Pepi, muy repipi.

Marta se quedó pensativa.

Estaba bastante preocupada.

Ella quería escribir un cuento.
Quería que la protagonista fuera una
ballena. Y quería sorprender a sus amigos.
Pero siempre estaba todo escrito.

A Marta le gustaban mucho las ballenas.
En casa tenía un libro de la vida en el mar.
Había muchas fotografías de peces y también de
ballenas. Se puso a mirarlo y a leerlo despacito.
Así descubrió muchas cosas sobre las ballenas.

Descubrió cómo viven,

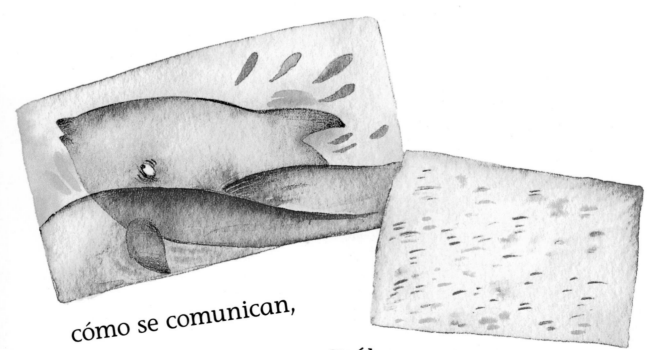

cómo se comunican,

cuál es su alimento favorito,

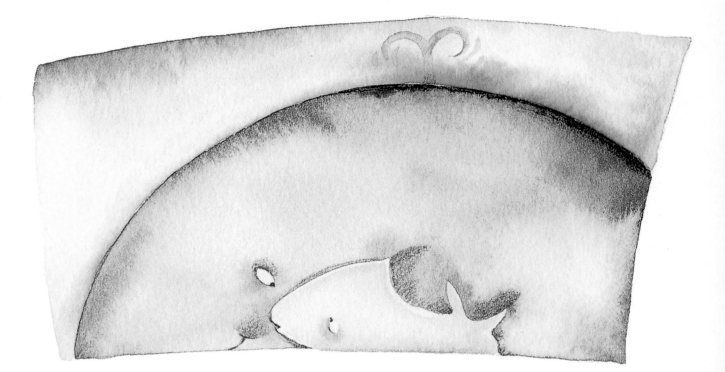

cómo cuidan a sus bebés,
que se llaman ballenatos,

y que son muy viajeras.

Pero lo más importante es que descubrió que hay pescadores que las matan y quedan muy pocas. Por eso hay que proteger a las ballenas de todo el mundo.

Ese día Marta explicó a sus amigos que las ballenas corrían peligro. Lo había leído en un libro. Así que ella escribiría un cuento para que todos conocieran el problema de las ballenas.

Todos la escuchaban atentamente. Y Toni dijo:

—Mi papá me contó que quedan muy pocos osos panda.

Entonces Pepi dijo:

—Pues yo vi un documental sobre elefantes. Les pasa lo mismo y hay que protegerlos.

De pronto todos descubrieron que conocían
a algún animal con el mismo problema.
Y hablaron de las focas,
de los tigres,
de los rinocerontes…
Todos corrían el peligro de desaparecer.

Marta y sus amigos decidieron que cada uno escribiría un cuento de un animal en peligro. Marta había contagiado sus ganas de escribir un cuento a todos, de mirar y de leer, de descubrir cosas, y de imaginar.

Aunque pensó: "¿Estarán ya inventados estos cuentos?"

**Objetivos**
• Decir lo que piensa que pasará. Leer la parte que dice qué pasa. • Leer por su cuenta por un período de tiempo. • Describir el problema y la solución de un cuento. Volver a contar el principio, el medio y el final de un cuento, en el orden que sucedieron los eventos.

**¡Imagínalo!** Volver a contar

# Piensa críticamente

**1.** ¿Por qué están en peligro de desaperecer las ballenas y los demás animales de los que hablan Marta y sus amigos? **El texto y el mundo**

**2.** ¿Por qué crees que la autora escribió este cuento? **Propósito del autor**

**3.** ¿Por qué empieza Marta a leer un libro sobre ballenas?

**Causa y efecto**

**4.** Mira otra vez la p. 209. ¿Qué pensaste que aprendería Marta en el libro que leyó? **Predecir y establecer propósitos**

**5. Mira de nuevo y escribe** Vuelve a leer el cuento y a mirar las ilustraciones. Escribe lo que sucede al principio, al medio y al final de la historia.

**PRÁCTICA PARA EL EXAMEN** Respuesta desarrollada

# Mercè Arànega

Mercè Arànega nació en Badalona, España. Es pintora y profesora de arte. Empezó a ilustrar libros para niños y luego se dedicó a escribir sus propios cuentos. Le gusta mucho visitar las escuelas y bibliotecas para animar a los estudiantes a contar sus propias historias.

Busca más cuentos sobre tesoros.

pictogramas en el cuento de
Carlos Reviejo
Ilustraciones de Ulises Wensell
**Platero y Juan Ramón**

Mi laberinto
Pablo Guerrero - Emilio Urberuaga
KÓKINOS

Usa el Registro de lecturas del *Cuaderno de lectores y escritores*, para anotar tus lecturas independientes.

Registro de lecturas

**219**

Leamos juntos

¡Escribamos!

**Aspectos principales de las instrucciones**

- Dan detalles de cómo hacer algo.
- Deben ser claras y fáciles de entender.

CALLE DE LA LECTURA EN LÍNEA
GramatiRitmos
www.CalledelaLectura.com

## Escritura expositiva

# Instrucciones

Las **instrucciones** dicen cómo hacer algo. El modelo del estudiante de la página siguiente es un ejemplo de instrucciones.

**Instrucciones** Piensa en cómo las personas hacen regalos sorpresa y actividades divertidas. Escribe instrucciones sobre cómo prepararlas.

## Lista del escritor

Recuerda que debes...

☑ escribir todos los pasos.

☑ poner los pasos en el orden correcto.

☑ usar adjetivos para comparar.

# Cómo preparar un juego

Primero, piensa qué juego le gusta a tu amigo.

Luego, pídele a tu amigo que venga a tu casa.

Después, juega con tu amigo.

¡Tu amigo tendrá la sonrisa **más grande** del mundo!

**Característica de la escritura: Organización**
Estos pasos están en el orden apropiado.

**Género: Instrucciones**
Estas **instrucciones** son fáciles de entender.

Éste es un **adjetivo** para comparar.

## Normas

## Adjetivos para comparar

**Recuerda** Escribe **más** o **menos** antes de un adjetivo para comparar dos personas, lugares, animales o cosas. Usa el **más** o el **menos** antes de adjetivo para comparar tres o más personas, lugares, animales o cosas.

**221**

**Poesía**

### Género
## Poesía

**Leamos juntos**

- Un poema expresa casi siempre los sentimientos del poeta acerca de algo. Un poema está escrito en versos y estrofas.

- Un poema tiene casi siempre palabras que riman al final de algunos versos. También puede tener aliteración, o palabras con los mismos sonidos iniciales.

- Un poema tiene ritmo casi siempre, es decir, que las palabras se repiten de manera regular.

- Piensa en lo que sabes sobre la rima, el ritmo y la aliteración mientras lees estos poemas.

# Paloma, Palomita, de la Puna

por María Elena Walsh

Paloma, Palomita de la Puna,
mira que no te roben tu fortuna,
esa que con descuido
olvidas en el nido:
un rayito de Sol y otro de Luna.

# Para quebrar la piñata

## Tradicional

No quiero oro,
ni quiero plata;
yo lo que quiero
es romper la piñata.

Dale, dale, dale,
no pierdas el tino,
mide la distancia
que hay en el camino.

Dale, dale, dale,
dale y no le dio.
Pónganme la venda
porque sigo yo.

**Pensemos...**

¿Qué palabras **riman** en los poemas de estas páginas?

# Caracola

por Federico García Lorca

Me han traído una caracola.

Dentro le canta

un mar de mapa.

Mi corazón

se llena de agua

con pececillos

de sombra y plata.

Me han traído una caracola.

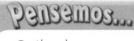

**Pensemos...**

¿Cuál es la **aliteración** en este poema?

# La luna de otoño

por Juan Bautista Grosso

La luna de otoño
tiene pies de nácar,
trajecito de oro,
sombrero de plata.

Es una princesa
de rosa y jazmín,
que danza en la noche
la ronda infantil.

Pensemos...

¿Cuál es el **ritmo** en cada poema? Márcalo con una palmada.

Pensemos...

**Relacionar lecturas** En *Quiero escribir un cuento*, Marta usa su imaginación para escribir un cuento. Los poemas hablan de cosas imaginarias. Describe en qué se parecen los cuentos de Marta y los poemas.

**Escribir variedad de textos** Escribe un poema corto acerca de algo imaginario. Di cómo podrías compartirlo con otra persona. Usa ritmo, rima y aliteración en tu poema.

**Objetivos**

• Leer y comprender textos al nivel del grado. • Averiguar el significado de las palabras compuestas mirando el significado de cada parte. • Comprender las razones para los diferentes medios de comunicación con la ayuda de un maestro o un padre. • Comprender y usar los adjetivos al leer, escribir y hablar.

Leamos juntos

¡Aprendamos!

CALLE DE LA LECTURA EN LÍNEA
ACTIVIDADES DE VOCABULARIO
www.CalledelaLectura.com

Prepárate para el segundo grado

Al mirar la televisión, decide si ese programa te entretiene o te informa.

# Lectura y medios de comunicación

**Propósito de los medios** Cuando los medios de comunicación nos dan datos o noticias sobre un tema, nos informan. Cuando los medios nos cuentan historias o nos hacen reír, nos entretienen.

¡Practícalo! Piensa en algo que viste en la televisión, en la Internet o en un periódico. ¿Te entretuvo o te informó? Explica cómo lo hizo. Al describir lo que viste, usa adjetivos.

# Vocabulario

Una **palabra compuesta** es una palabra que se hace con dos palabras más cortas. Para saber el significado de la palabra, mira las dos palabras cortas.

*Ante* **significa "frente a".**

*Ojos* **son los órganos de la vista.** *Anteojos* **es una palabra compuesta que quiere decir "lentes".**

**¡Practícalo!** Lee estas palabras. Di el significado de las palabras más cortas y después, el significado de la palabra compuesta.

**portaaviones** **saltamontes**

# Fluidez

**Expresión y entonación** Al leer, trata de hacerlo como si estuvieras hablando. Usa la voz para mostrar emoción.

**¡Practícalo!**

**1.** Un crayoncito se salió de la caja. ¡Cógelo!

**2.** El cuento era sobre un pollito.

aún • ciudad

**Aa**

**aún** *Todavía* significa lo mismo que **aún**. **Aún** no ha llegado papá.

**Bb**

**biblioteca** Una **biblioteca** es un lugar donde se guardan en orden muchos libros. Los libros de la **biblioteca** están en orden alfabético.

**bizcochos** Los **bizcochos** están hechos de una masa de harina, huevos y azúcar. Me encantan los **bizcochos** que hace mi abuela.

**buena/o** La señora Gómez es muy **buena**, siempre ayuda a los demás.

**Cc**

**ciudad** Una **ciudad** está formada por edificios, casas y calles. En una **ciudad** viven muchas personas.

ciudad

**ciudadano/a** Un **ciudadano** es una persona que ha nacido o que vive en un país. Mi tío es **ciudadano** de El Salvador.

**clueca** Una gallina está **clueca** cuando se echa sobre sus huevos para darles calor.

**confeti** El **confeti** son pedacitos de papel de varios colores y formas, con las que se juega en las fiestas.

confeti

**contagiado/a** Juan se ha **contagiado** con la gripe que tenemos.

## convierte • danzaron

**convierte** Siembra una semilla y mira cómo se **convierte** en una planta.

**cuarto** Un **cuarto** es una recámara.

**cuidado** Temor de que ocurra algo malo. Ten **cuidado**, porque te puedes caer.

**cumpleaños** El **cumpleaños** es la fecha en que nació una persona. Mi **cumpleaños** es el 4 de marzo.

# Dd

**danzaron** Papá y mamá **danzaron** durante todo el baile.

**danzaron**

**declaración** Hacer una **declaración** es decir algo importante. La **Declaración** de los Derechos Humanos dice que todos somos iguales.

**disfrutar** **Disfrutar** es sentirse bien al hacer algo. Me gusta **disfrutar** de la buena música.

**disfrutar**

**documental** Un **documental** es una película que cuenta cosas que sucedieron de verdad. Vimos un **documental** sobre la vida de Martin Luther King.

**encargaba • granja**

## Ee

**encargaba** Beto se **encargaba** de preparar la comida para el equipo.

**ensayar** **Ensayar** es practicar o repasar algo antes de hacerlo en público. Dora y Tito deben **ensayar** su papel en la obra de teatro.

**ensayar**

## Ff

**finas** Las cosas que son **finas** son delicadas y de buena calidad. Compramos telas muy **finas** para hacer las cortinas.

## Gg

**granja** Una **granja** es un lugar en el campo donde se crían animales.

**Hh**

**hada** Un **hada** es un personaje de los cuentos fantásticos. El **hada** los ayudó a salir del problema.

**Ii**

**idea** Una **idea** es algo que piensas para resolver un problema. Tengo una **idea** para llegar más rápido a la escuela.

**independencia** **Independencia** es libertad. Los pueblos del Nuevo Mundo lucharon por su **independencia**.

**inmensa/o** Una cosa **inmensa** es algo muy grande o muy difícil de contar o medir. Anoche vi una **inmensa** nube.

**intentaron** **Intentaron** quiere decir que trataron de hacer algo. Los corredores **intentaron** llegar hasta el final de la carrera.

## invitación • mejillas

**invitación** Una **invitación** es una tarjeta para invitar a alguien a un evento o celebración. Tengo una **invitación** para ir al festival de ballet.

## Ll

**lechón** Un **lechón** es un cerdo pequeño.

**lechón**

## Mm

**mejillas** Las **mejillas** son las partes de la cara que están debajo de los ojos.

**mejillas**

## Oo

**ordeñadas** Las vacas serán **ordeñadas** bien temprano en la mañana.

## Pp

**país** Un **país** es la tierra donde vive un grupo de personas. Brasil es un **país** de América del Sur.

**país**

**paje** Un **paje** era una persona que estaba al servicio de un amo. El **paje** colocó la capa en los hombres del príncipe, y se alejaron.

**pasmada/o** Una persona **pasmada** está distraída o inmóvil. Daniela se quedó **pasmada** al escuchar la noticia.

**235**

### patria • protagonista

**patria** País donde nace una persona. México es la **patria** de los mexicanos.

**pícaro/a** Un **pícaro** es una persona o animal que engaña a los demás. El **pícaro** mono trató de engañar a la ardilla.

**polluelos** Los **polluelos** son las crías de las aves. La paloma alimenta a sus **polluelos** todo el día.

polluelos

**protagonista** El **protagonista** es el personaje principal de un cuento o de una película. La **protagonista** de *Quiero escribir un cuento* se llama Marta.

## Rr

**refunfuñó** Juan **refunfuñó** porque no quería levantarse.

**repipi** Una persona que cree que sabe mucho es un **repipi**. Deja de hablar así que pareces un **repipi**.

**ruido** Un sonido confuso y más o menos fuerte es un **ruido**. ¿Escuchaste ese **ruido** en la cocina?

## Ss

**seres** Las personas, los animales y otras cosas que tienen vida son **seres**. Muchos **seres** necesitan agua para vivir.

**seres**

## solloza • suspiro

**solloza**  Cuando una persona **solloza**, es porque está llorando. La niña **solloza** porque quiere salir a jugar y no puede.

**solloza**

**sorpresa**  Una **sorpresa** es algo que no esperabas. Le dimos una linda **sorpresa** en su cumpleaños.

**suspiro**  Un **suspiro** es una respiración larga y sonora que hacemos cuando estamos tristes o sentimos alivio. Lala terminó la tarea y dio un largo **suspiro**.

# Vv

**viaje** Hacer un **viaje** es ir a un lugar en auto, barco, tren o avión. En julio iremos de **viaje** a México.

**viaje**

## Un regalo de cumpleaños para mamá

fiesta
hermano
jueves
martes
sábado

## De viaje por Washington, D.C.

año
clase
dice
ellos
estoy

## Cenicienta

antes
lápiz
línea
nombre
verde

## La lechera

abrir
alto
cosas
hasta
niños

## La silla de Pedro

había
pequeña
perro
silla

## Quiero escribir un cuento

cuento
era
fuera
sobre

Aa Bb Cc

Chch Dd

Ee Ff Gg

Hh Ii Jj

Kk Ll Llll

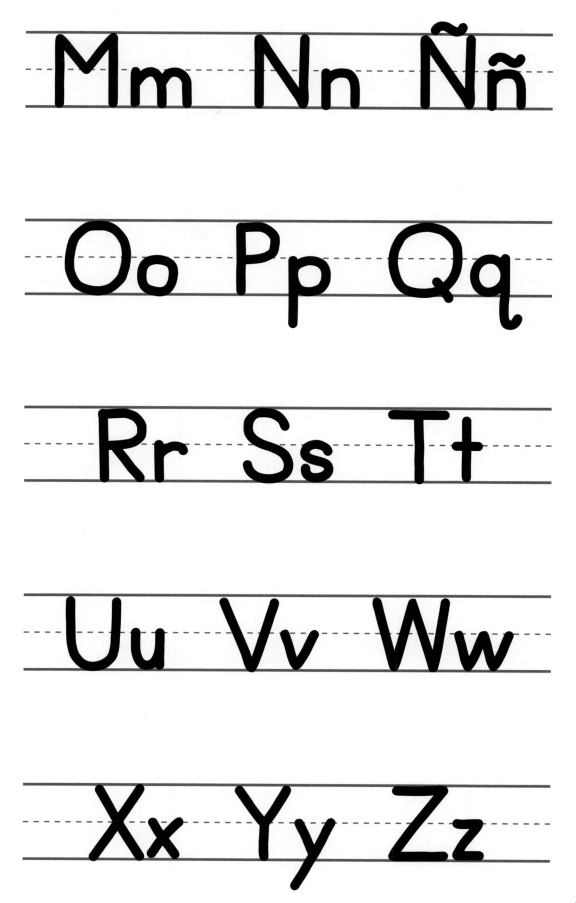

Mm Nn Ññ

Oo Pp Qq

Rr Ss Tt

Uu Vv Ww

Xx Yy Zz

## Text

Grateful acknowledgment is made to the following for copyrighted material:

**Page 20:** "Mama's Birthday Present" by Carmen Tafolla. Used by permission of Carmen Tafolla.

**Page 128:** *La Lechera* adapted by Luz Orihuela. Illustrations by Mabel Piérola. © 2004, Mabel Piérola. © 2004, Combel Editorial, S.A. Used by permission. Originally published in Catalan by Combel Editorial, S.A., Barcelona, as *La lletera,* written by Anna Grau Gimeno and llustrated by Mabel Piérola. Reprinted by permission.

**Page 162:** From *Peter's Chair* by Ezra Jack Keats. Copyright © 1967. Used by permission of Ezra Jack Keats Foundation.

**Page 198:** *Quiero escribir un cuento* by Mercé Aránega, Colección Tren Azul. Editorial Edebé, 2005. Used by permission.

**Page 222:** "Paloma, Palomita de la Puna" by María Elena Walsh © María Elena Walsh c/o Guillermo Schavelzon & Asoc., Agencia Literaria. info@schavelzon.com Reprinted by permission.

**Page 224:** "Caracola" by Federico García Lorca.

**Page 225:** "La luna de otoño" by Juan Bautista Grosso.

**Note:** Every effort has been made to locate the copyright owner of material reproduced on this component. Omissions brought to our attention will be corrected in subsequent editions.

The *Texas Essential Knowledge and Skills for Spanish Language Arts and Reading* reproduced by permission, Texas Education Agency, 1701 N. Congress Avenue, Austin, TX 78701.

## Illustrations

**Cover** Daniel Moreton

**I2-I7** Mary Anne Lloyd

**I8-I17** Chris Lensch

**14** Guy Francis

**20-43** Gabriel Pacheco

**54** Aaron Zenz

**60-77** Paule Trudel Bellemare

**82-85, 192** Luciana Navarro Powell

**90** Margeaux Lucas

**96-109** Dean MacAdam

**122** Donald Wu

**156** Cecilia Rebora

**222-225** Constanza Basaluzzo

## Photographs

Every effort has been made to secure permission and provide appropriate credit for photographic material. The publisher deeply regrets any omission and pledges to correct errors called to its attention in subsequent editions.

Unless otherwise acknowledged, all photographs are the property of Pearson Education, Inc.

Photo locators denoted as follows: Top (T), Center (C), Bottom (B), Left (L), Right (R), Background (Bkgd)

**10** ©Dianna Sarto/Corbis

**12** ©Royalty-Free/Corbis

**13** (BR) ©Jose Luis Pelaez, Inc./Corbis, (C) Stewart Cohen/Index Stock Imagery

**50** Purestock/Getty Images

**52** ©Design Pics Inc./Alamy

**88** ©Momatiuk - Eastcott/Corbis

**89** (B) ©Jason Horowitz/zefa/Corbis, (T) ©Richard T. Nowitz/Corbis

**98** ©David R. Frazier Photolibrary, Inc./Alamy Images

**100** Medioimages/Jupiter Images

**102** Glowimages/Getty Images

**103** (CR, CL) National Archives

**104** ©Private Collection, Peter Newark American Pictures/ Bridgeman Art Library

**105** Getty Images

**106** (TL) ©Jeff Vanuga/Corbis, (Bkgd) ©Skip Brown/ National Geographic Image Collection

**107** Corbis/Jupiter Images

**108** Jupiter Images

**109** ©Visions of America, LLC/Alamy

**114** (C) Creatas

**115** (T) ©Ariel Skelley/Corbis, (B) ©Paul Barton/Corbis

**116** Wayne Eastep/Getty Images

**118** Getty Images

**120** (B) ©David R. Frazier Photolibrary, Inc./Alamy Images, Jupiter Images

**121** ©Steve Hamblin/Alamy

**148** (C) ©Andersen Ross/Getty Images

**149** (T) ©Free Agents Limited/Corbis, (C) ©Image Farm Inc./Alamy, (B) ©Image Source/Getty Images

**150** (C) ©Jason Hosking /zefa//Corbis, (T) ©L. Clarke/ Corbis, (Bkgd) ©Witold Skrypczak/Alamy Images

**152** ©Jupiter Images/Alamy

**154** (B) ©Don Mason/Corbis, ©Rob Lewine/Corbis

**155** (BR) ©Julie Fisher/zefa/Corbis

**189** ©Image Source Limited, (R) Digital Stock, (L) Randy Faris/Corbis

**190** (Bkgd) Jupiter Images

**191** (B) ©Anne Ackermann/Getty Images

**229** Corbis/Jupiter Images, (T) Getty Images

**230** ©Rob Lewine

**239** ©Creativ Studio Heinemann/Alamy